PRENTICE HALL

Explorador de Ciencias

Elementos químicos básicos

PRENTICE HALL
Needham, Massachusetts
Upper Saddle River, New Jersey

Elementos químicos básicos

Recursos del programa

Student Edition
Annotated Teacher's Edition
Teaching Resources Book with Color Transparencies
Chemical Building Blocks Materials Kits

Componentes del programa

Integrated Science Laboratory Manual
Integrated Science Laboratory Manual, Teacher's Edition
Inquiry Skills Activity Book
Student-Centered Science Activity Books
Program Planning Guide
Guided Reading English Audiotapes
Guided Reading Spanish Audiotapes and Summaries
Product Testing Activities by Consumer Reports™
Event-Based Science Series (NSF funded)
Prentice Hall Interdisciplinary Explorations
Cobblestone, Odyssey, Calliope, and *Faces* Magazines

Medios/Tecnología

Science Explorer Interactive Student Tutorial CD-ROMs
Odyssey of Discovery CD-ROMs
Resource Pro® (Teaching Resources on CD-ROM)
Assessment Resources CD-ROM with Dial-A-Test®
Internet site at www.science-explorer.phschool.com
Life, Earth, and Physical Science Videodiscs
Life, Earth, and Physical Science Videotapes

Explorador de ciencias Libros del estudiante

Créditos

El equipo de colaboradores de *Explorador de ciencias* está conformado por representantes editoriales, editores, diseñadores, encargados de pruebas de campo de mercadeo, investigadores de mercado, encargados de servicios de mercadeo, desarrolladores de servicios en línea/multimedia, representantes de mercadotecnia, encargados de producción, y publicadores. Los nombres de los colaboradores se listan a continuación. Aquellos resaltados en negritas indican a los coordinadores del equipo.

Kristen E. Ball, **Barbara A. Bertell,** Peter W. Brooks, **Christopher R. Brown, Greg Cantone,** Jonathan Cheney, **Patrick Finbarr Connolly,** Loree Franz, Donald P. Gagnon, Jr., **Paul J. Gagnon, Joel Gendler,** Elizabeth Good, Kerri Hoar, **Linda D. Johnson,** Katherine M. Kotik, Russ Lappa, Marilyn Leitao, David Lippman, **Eve Melnechuk, Natania Mlawer,** Paul W. Murphy, **Cindy A. Noftle,** Julia F. Osborne, Caroline M. Power, Suzanne J. Schineller, **Susan W. Tafler,** Kira Thaler-Marbit, Robin L. Santel, Ronald Schachter, **Mark Tricca,** Diane Walsh, Pearl B. Weinstein, Beth Norman Winickoff

Acknowledgment for page 143: Excerpt from *The Iron Peacock* by Mary Stetson Clarke. Copyright ©1966 by Mary Stetson Clarke. Published by Viking Press.

ISBN 0-13-436591-7
1 2 3 4 5 6 7 8 9 10   03 02 01 00 99

Portada: Estos cristales están hechos de azufre, uno de los elementos básicos de la materia.

Autores del programa

Michael J. Padilla, Ph.D.
Professor
Department of Science Education
University of Georgia
Athens, Georgia

Michael Padilla es líder en la enseñanza de Ciencias en secundaria. Ha trabajado como editor y funcionario de la Asociación Nacional de Profesores de Ciencias. Ha sido miembro investigador en diversas premiaciones de la Fundación Nacional de Ciencias y la Fundación Eisenhower, además de participar en la redacción de los Estándares Nacionales de Enseñanza de Ciencias.

En *Explorador de ciencias*, Mike coordina un equipo de desarrollo de programas de enseñanza que promueven la participación de estudiantes y profesores en el campo de las ciencias con base en los Estándares Nacionales de la Enseñanza de Ciencias.

Ioannis Miaoulis, Ph.D.
Dean of Engineering
College of Engineering
Tufts University
Medford, Massachusetts

Martha Cyr, Ph.D.
Director, Engineering
    Educational Outreach
College of Engineering
Tufts University
Medford, Massachusetts

Explorador de ciencias es un proyecto creado con la colaboración del Colegio de Ingeniería de la Universidad Tufts. Dicha institución cuenta con un extenso programa de investigación sobre ingeniería que fomenta la participación de estudiantes y profesores en las áreas de ciencia y tecnología.

Además de participar en la creación del proyecto *Explorador de ciencias*, la facultad de la Universidad Tufts también colaboró en la revisión del contenido de los libros del estudiante y la coordinación de las pruebas de campo.

Autor

David V. Frank, Ph.D.
Head, Department of Physical Sciences
Ferris State University
Big Rapids, Michigan

John G. Little
Science Teacher
St. Mary's High School
Stockton, California

Steve Miller
Science Writer
State College, Pennsylvania

Colaboradores

Thomas L. Messer
Science Teacher
Cape Cod Academy
Osterville, Massachusetts

Thomas R. Wellnitz
Science Teacher
The Paideia School
Atlanta, Georgia

Asesor de lecturas

Bonnie B. Armbruster, Ph.D.
Department of Curriculum
    and Instruction
University of Illinois
Champaign, Illinois

Asesor interdisciplinario

Heidi Hayes Jacobs, Ed.D.
Teacher's College
Columbia University
New York, New York

Asesores de seguridad

W. H. Breazeale, Ph.D.
Department of Chemistry
College of Charleston
Charleston, South Carolina

Ruth Hathaway, Ph.D.
Hathaway Consulting
Cape Girardeau, Missouri

Revisores del programa de la Universidad Tufts

Behrouz Abedian, Ph.D.
Department of Mechanical
Engineering

Wayne Chudyk, Ph.D.
Department of Civil and
Environmental Engineering

Eliana De Bernardez-Clark, Ph.D.
Department of Chemical Engineering

Anne Marie Desmarais, Ph.D.
Department of Civil and
Environmental Engineering

David L. Kaplan, Ph.D.
Department of Chemical Engineering

Paul Kelley, Ph.D.
Department of Electro-Optics

George S. Mumford, Ph.D.
Professor of Astronomy, Emeritus

Jan A. Pechenik, Ph.D.
Department of Biology

Livia Racz, Ph.D.
Department of Mechanical Engineering

Robert Rifkin, M.D.
School of Medicine

Jack Ridge, Ph.D.
Department of Geology

Chris Swan, Ph.D.
Department of Civil and
Environmental Engineering

Peter Y. Wong, Ph.D.
Department of Mechanical Engineering

Revisores del contenido

Jack W. Beal, Ph.D.
Department of Physics
Fairfield University
Fairfield, Connecticut

W. Russell Blake, Ph.D.
Planetarium Director
Plymouth Community
Intermediate School
Plymouth, Massachusetts

Howard E. Buhse, Jr., Ph.D.
Department of Biological Sciences
University of Illinois
Chicago, Illinois

Dawn Smith Burgess, Ph.D.
Department of Geophysics
Stanford University
Stanford, California

A. Malcolm Campbell, Ph.D.
Assistant Professor
Davidson College
Davidson, North Carolina

Elizabeth A. De Stasio, Ph.D.
Associate Professor of Biology
Lawrence University
Appleton, Wisconsin

John M. Fowler, Ph.D.
Former Director of Special Projects National
Science Teacher's Association
Arlington, Virginia

Jonathan Gitlin, M.D.
School of Medicine
Washington University
St. Louis, Missouri

Dawn Graff-Haight, Ph.D., CHES
Department of Health, Human
Performance, and Athletics
Linfield College
McMinnville, Oregon

Deborah L. Gumucio, Ph.D.
Associate Professor
Department of Anatomy and Cell Biology
University of Michigan
Ann Arbor, Michigan

William S. Harwood, Ph.D.
Dean of University Division and Associate
Professor of Education
Indiana University
Bloomington, Indiana

Cyndy Henzel, Ph.D.
Department of Geography
and Regional Development
University of Arizona
Tucson, Arizona

Greg Hutton
Science and Health
Curriculum Coordinator
School Board of Sarasota County
Sarasota, Florida

Susan K. Jacobson, Ph.D.
Department of Wildlife Ecology
and Conservation
University of Florida
Gainesville, Florida

Judy Jernstedt, Ph.D.
Department of Agronomy and Range Science
University of California, Davis
Davis, California

John L. Kermond, Ph.D.
Office of Global Programs
National Oceanographic and
Atmospheric Administration
Silver Spring, Maryland

David E. LaHart, Ph.D.
Institute of Science and Public Affairs
Florida State University
Tallahassee, Florida

Joe Leverich, Ph.D.
Department of Biology
St. Louis University
St. Louis, Missouri

Dennis K. Lieu, Ph.D.
Department of Mechanical Engineering
University of California
Berkeley, California

Cynthia J. Moore, Ph.D.
Science Outreach Coordinator
Washington University
St. Louis, Missouri

Joseph M. Moran, Ph.D.
Department of Earth Science
University of Wisconsin–Green Bay
Green Bay, Wisconsin

Joseph Stukey, Ph.D.
Department of Biology
Hope College
Holland, Michigan

Seetha Subramanian
Lexington Community College
University of Kentucky
Lexington, Kentucky

Carl L. Thurman, Ph.D.
Department of Biology
University of Northern Iowa
Cedar Falls, Iowa

Edward D. Walton, Ph.D.
Department of Chemistry
California State Polytechnic University
Pomona, California

Robert S. Young, Ph.D.
Department of Geosciences and
Natural Resource Management
Western Carolina University
Cullowhee, North Carolina

Edward J. Zalisko, Ph.D.
Department of Biology
Blackburn College
Carlinville, Illinois

Revisores de pedagogía

Stephanie Anderson
Sierra Vista Junior
    High School
Canyon Country, California

John W. Anson
Mesa Intermediate School
Palmdale, California

Pamela Arline
Lake Taylor Middle School
Norfolk, Virginia

Lynn Beason
College Station Jr. High School
College Station, Texas

Richard Bothmer
Hollis School District
Hollis, New Hampshire

Jeffrey C. Callister
Newburgh Free Academy
Newburgh, New York

Judy D'Albert
Harvard Day School
Corona Del Mar, California

Betty Scott Dean
Guilford County Schools
McLeansville, North Carolina

Sarah C. Duff
Baltimore City Public Schools
Baltimore, Maryland

Melody Law Ewey
Holmes Junior High School
Davis, California

Sherry L. Fisher
Lake Zurich Middle
    School North
Lake Zurich, Illinois

Melissa Gibbons
Fort Worth ISD
Fort Worth, Texas

Debra J. Goodding
Kraemer Middle School
Placentia, California

Jack Grande
Weber Middle School
Port Washington, New York

Steve Hills
Riverside Middle School
Grand Rapids, Michigan

Carol Ann Lionello
Kraemer Middle School
Placentia, California

Jaime A. Morales
Henry T. Gage Middle School
Huntington Park, California

Patsy Partin
Cameron Middle School
Nashville, Tennessee

Deedra H. Robinson
Newport News Public Schools
Newport News, Virginia

Bonnie Scott
Clack Middle School
Abilene, Texas

Charles M. Sears
Belzer Middle School
Indianapolis, Indiana

Barbara M. Strange
Ferndale Middle School
High Point, North Carolina

Jackie Louise Ulfig
Ford Middle School
Allen, Texas

Kathy Usina
Belzer Middle School
Indianapolis, Indiana

Heidi M. von Oetinger
L'Anse Creuse Public School
Harrison Township, Michigan

Pam Watson
Hill Country Middle School
Austin, Texas

Revisores de actividades de campo

Nicki Bibbo
Russell Street School
Littleton, Massachusetts

Connie Boone
Fletcher Middle School
Jacksonville Beach, Florida

Rose-Marie Botting
Broward County
    School District
Fort Lauderdale, Florida

Colleen Campos
Laredo Middle School
Aurora, Colorado

Elizabeth Chait
W. L. Chenery Middle School
Belmont, Massachusetts

Holly Estes
Hale Middle School
Stow, Massachusetts

Laura Hapgood
Plymouth Community
    Intermediate School
Plymouth, Massachusetts

Sandra M. Harris
Winman Junior High School
Warwick, Rhode Island

Jason Ho
Walter Reed Middle School
Los Angeles, California

Joanne Jackson
Winman Junior High School
Warwick, Rhode Island

Mary F. Lavin
Plymouth Community
    Intermediate School
Plymouth, Massachusetts

James MacNeil, Ph.D.
Concord Public Schools
Concord, Massachusetts

Lauren Magruder
St. Michael's Country
    Day School
Newport, Rhode Island

Jeanne Maurand
Glen Urquhart School
Beverly Farms, Massachusetts

Warren Phillips
Plymouth Community
    Intermediate School
Plymouth, Massachusetts

Carol Pirtle
Hale Middle School
Stow, Massachusetts

Kathleen M. Poe
Kirby-Smith Middle School
Jacksonville, Florida

Cynthia B. Pope
Ruffner Middle School
Norfolk, Virginia

Anne Scammell
Geneva Middle School
Geneva, New York

Karen Riley Sievers
Callanan Middle School
Des Moines, Iowa

David M. Smith
Howard A. Eyer Middle School
Macungie, Pennsylvania

Derek Strohschneider
Plymouth Community
    Intermediate School
Plymouth, Massachusetts

Sallie Teames
Rosemont Middle School
Fort Worth, Texas

Gene Vitale
Parkland Middle School
McHenry, Illinois

Zenovia Young
Meyer Levin Junior
    High School (IS 285)
Brooklyn, New York

Contenido

Elementos químicos básicos

Actividades

De las plantas a las sustancias QUÍMICAS

¿Puedes echar a andar un automóvil con maíz? ¿Puedes beber una soda de una botella hecha de plantas? ¿Puedes usar la planta del maíz para elaborar sustancias químicas suficientemente fuertes como para remover pintura?

Puedes hacerlo gracias a científicos como Rathin Datta. El Dr. Datta se especializa en buscar formas para usar los químicos de las plantas. Sus inventos ayudarán a que el medio ambiente sea algo más limpio para todos.

Rathin es un ingeniero químico del Laboratorio Nacional de Argonne, en Illinois. Por años, ha buscado maneras provechosas de usar las sustancias químicas de las plantas. Ha contribuido para encontrar la forma de transformar el maíz en un combustible para automóviles llamado gasohol. Ha estudiado plantas que pueden servir para producir medicamentos potentes. Incluso trabajó en un proyecto que usó el maíz para hacer una tela elástica que los atletas usan.

"Siempre me han interesado las plantas y la parte biológica de la química", dice Rathin. Él nació en el norte de la India. Desde la escuela primaria estaba interesado en las ciencias. "Esto es porque siempre me he preocupado del efecto de los químicos en el medio ambiente."

Rathin Datta nació en la India, al norte de Delhi. Su interés por la ciencia lo inspiró en parte su padre, que era matemático. Rathin llegó a Estados Unidos en 1970 para hacer un doctorado en ingeniería química en la Universidad Princeton. Ahora trabaja en el Laboratorio Nacional de Argonne, en Illinois. En su tiempo libre, disfruta del tenis, el excursionismo y el ciclismo. Toca la cítara, un laúd hindú, y tiene un especial interés por la ópera.

Charla con Rathin Datta

¿Son más seguras las sustancias químicas con base vegetal?

Los químicos derivados de las plantas se llaman *agroquímicos,* es decir, "químicos de la agricultura", explica Rathin. En general, los agroquímicos son menos peligrosos para el medio ambiente que los químicos derivados del petróleo. Por una razón, la mayoría de los agroquímicos no son venenosos para el ser humano.

Como los agroquímicos están hechos de materiales vegetales, por lo general la naturaleza los recicla como si fueran plantas muertas. Piensa en qué le pasa a un árbol cuando cae al suelo. Microbios diminutos trabajan en hojas y ramas hasta descomponer por completo al árbol. Lo mismo sucede en buena medida con los productos hechos de agroquímicos. Una bolsa hecha de químicos del maíz se degradará y desaparecerá apenas unas cuantas semanas después de ser enterrada. En contraste, una bolsa de plástico hecha de *petroquímicos* (químicos derivados del petróleo) puede sobrevivir cientos de años.

Los investigadores Rathin Datta (derecha), Mike Henry (centro) y Shih-Perng Tsai (izquierda) desarrollaron el nuevo solvente de bajo costo. La sustancia oscura es la mezcla de maíz fermentado. La sustancia clara que Rathin sostiene es el solvente.

Convertir carbohidratos

Los ingredientes originales en muchos agroquímicos son sustancias ricas en energía llamadas carbohidratos. El azúcar y el almidón son carbohidratos. Rathin Datta convierte, o transforma, carbohidratos del maíz en un agroquímico que puede usarse para hacer plástico. Para realizar esto necesita la ayuda de organismos diminutos: bacterias. Primero, comenta Rathin, pone un tipo especial de bacteria en una cuba grande cubierta con maíz. Las bacterias convierten los carbohidratos del maíz en ácidos mediante un proceso natural llamado fermentación. Luego, Rathin utiliza los ácidos para hacer plástico agroquímico.

"Las bacterias realizan toda la labor de convertir los carbohidratos en moléculas útiles", dice Rathin. "La parte difícil nos llega después. El proceso de fermentación produce una mezcla de materiales. Tenemos que hallar formas para separar el tipo de material que queremos usar de todas los demás."

Esta señal en una bomba de gasolina anuncia el gasohol.

Productos hechos con maíz

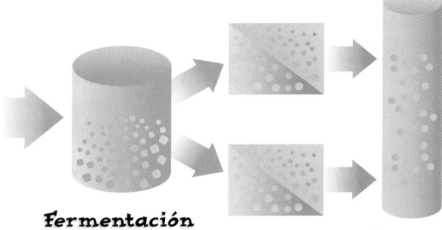

Planta de maíz

Fermentación

Recuperación y purificación

Hacer removedor de pintura del maíz

El descubrimiento más reciente de Rathin demuestra cómo los agroquímicos pueden sustituir a los petroquímicos. Él y su equipo hallaron una manera de usar el maíz para hacer solventes poderosos. Los solventes se emplean para disolver otras sustancias.

"Los solventes se encuentran en todas partes", dice Rathin. "Por ejemplo, la industria los usa en muchos procesos para limpiar piezas electrónicas o para remover tinta de periódicos reciclados. En las casas los emplean en detergentes que limpian la grasa y en removedores de pintura."

En Estados Unidos cada año se usan 4 millones de toneladas de solventes. La mayoría son derivados de petroquímicos y pueden ser venenosos.

"Los científicos saben desde hace mucho tiempo que los solventes más seguros pueden hacerse con agroquímicos", dice Rathin. "Pero el proceso aún es muy caro. No conviene hacer algo que es ambientalmente sano si le costará mucho a la gente para usarlo", continúa Rathin. "Nuestro desafío como ingenieros químicos era pensar en un

El spandex se usó para hacer las blusas azules que visten estas bailarinas.

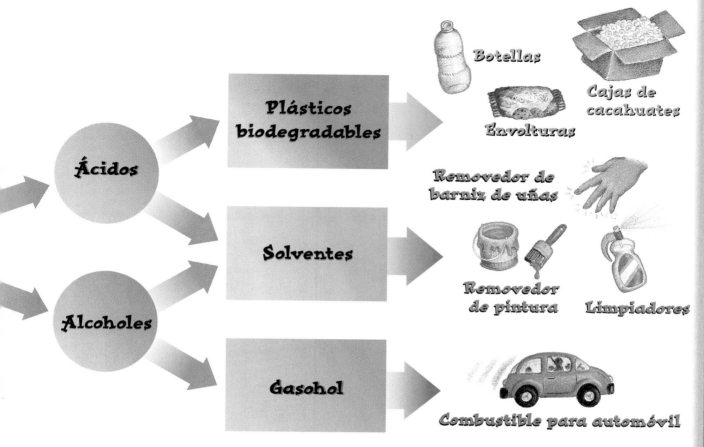

Plásticos biodegradables

Botellas

Cajas de cacahuates

Envolturas

Solventes

Removedor de barniz de uñas

Removedor de pintura

Limpiadores

Gasohol

Combustible para automóvil

Ácidos

Alcoholes

proceso viejo de una manera totalmente nueva. Teníamos que descubrir un proceso más barato para fabricar estos solventes."

Descubrimiento de un proceso nuevo

Rathin necesitaba un proceso nuevo para separar de una mezcla los solventes que quería. "Comencé a trabajar con un nuevo tipo de plástico que actúa como filtro muy fino. Cuando pasamos el fermento de maíz sobre este plástico, captó los ácidos que queríamos detener y dejó pasar los demás materiales".

Luego de dos años de experimentar, Rathin perfeccionó su proceso para fabricar solventes agroquímicos. Su proceso funcionaba con menos de la mitad del costo del método anterior. Además utiliza 90 por ciento menos energía. Muy pronto, la mayoría de los solventes usados en Estados Unidos podrían ser de esta clase, más limpia y segura, hecha a partir

del maíz. "El solvente es un buen removedor de barniz de uñas", dice Datta.

"Es muy gratificador tomar un producto natural como el maíz y usarlo para producir un químico que reemplazará a otro menos seguro", dice Rathin. "Es difícil encontrar un compuesto que haga todo lo que el solvente de maíz hace, además de no ser venenoso y sí de fácil degradación en el medio ambiente."

En tu diario

Rathin Datta y su equipo descubrieron hace años cómo hacer un solvente que fuera menos dañino para el medio ambiente. Pero resultó muy costoso. Rathin pudo haber renunciado a su investigación en ese punto. Sin embargo, decidió seguir adelante. ¿Qué te enseña esta acción de la manera en que científicos como Datta enfrentan los desafíos?

CAPÍTULO

1 Introducción a la materia

Cooling lift

LO QUE ENCONTRARÁS

SECCIÓN
1 **Describir la materia**

Descubre ¿Qué propiedades te ayudan a
clasificar la materia?
Mejora tus destrezas Interpretar datos
Inténtalo Personalidad magnética

SECCIÓN
2 **Medir la materia**

Descubre ¿Cuál tiene más masa?
Inténtalo Tiempo de burbujas
Laboratorio de destrezas Entender la
densidad

SECCIÓN
3 **Partículas de materia**

Descubre ¿Qué hay en la caja?

Antigüedades en una tienda en Virginia.

Comparar la marca X

Las botellas de vidrio de color, un pato de madera, una silla de mimbre, una muñeca y su vestido, una jarra y una regadera de metal están a la venta en una tienda de pueblo. Estos artículos y otros más en la fotografía ofrecen sólo una muestra de la gran variedad de materiales que forman nuestro mundo. El nombre científico de estos materiales es materia. Cada objeto que ves en la fotografía, así como cada uno de los objetos en el mundo, es un ejemplo de materia. En este capítulo explorarás las propiedades de la materia, los cambios que puede sufrir y las partículas que la forman.

Tu objetivo Comparar una propiedad de la materia en tres diferentes marcas de un producto para el consumidor.

Para completar este proyecto, tendrás que:
- diseñar una prueba de comparación sobre los productos y recopilar datos
- proporcionar un procedimiento que seguirá tu compañero
- realizar una prueba de comparación ideada por tu compañero
- comparar los datos que tú y tu compañero obtengan
- seguir los lineamientos de seguridad del Apéndice A

Para empezar En grupo, haz una lista de distintos productos para comparar. Haz una lista de varias propiedades de cada producto, que pudieran compararse. Por ejemplo, las toallas de papel absorben diferentes cantidades de agua o las vendas adhesivas tienen distinta resistencia. Consulta Crear un experimento en el Manual de destrezas.

Comprueba tu aprendizaje Trabajarás en este proyecto mientras estudias el capítulo. Para mantener tu proyecto en marcha, revisa los cuadros de Comprueba tu aprendizaje en los puntos siguientes:
Repaso de la Sección 1, página 21: Diseña un experimento.
Repaso de la Sección 3, página 33: Realiza el procedimiento.
Repaso de la Sección 4, página 38: Intercambia procedimientos con tu compañero.

Para terminar Al final del capítulo (página 41), tú y tu compañero verán si pueden repetir el procedimiento del otro.

Integrar las ciencias de la Tierra

SECCIÓN 4

Elementos de la Tierra

Descubre ¿Cómo separas los tornillos de la arena?
Laboratorio real Separar el cobre

 SECCIÓN 1 Describir la materia

DESCUBRE ·······································ACTIVIDAD····

¿Qué propiedades te ayudan a clasificar la materia?

1. Examina detenidamente los 10 objetos que tu maestro te proporcione. Escribe una breve descripción de cada uno. ¿Qué propiedades son únicas de cada objeto? ¿Qué propiedades comparten?

2. ¿Qué objetos parecen estar hechos de la misma sustancia? ¿Cuáles parecen ser mezclas de distintas sustancias?

3. Divide los objetos en pequeños grupos de manera que los objetos de cada grupo compartan una de las propiedades que identifiques.

Reflexiona sobre

Clasificar Comparte tus observaciones y agrupaciones con tus compañeros. ¿Cómo se comparan las formas de agrupación de los objetos de tus compañeros con la tuya? Piensa en al menos otra forma de agruparlos.

GUÍA DE LECTURA

◆ **¿Cuáles son los tres estados de la materia?**

◆ **¿Por qué son utilizables las propiedades características?**

◆ **¿Cómo puede clasificarse la materia?**

Sugerencia de lectura
Mientras lees, haz una lista de propiedades de la materia.

Probablemente hayas escuchado la palabra *materia* empleada de muchas maneras: "En materia de..." "Entrar en materia..." "Aprobar una materia".

En ciencias, sin embargo, la palabra *materia* tiene un significado específico. La materia es "eso" que forma todo en el universo: frutos, pelotas de béisbol, estatuas, leche, libros, flores; estos objetos y otra innumerable cantidad de ellos son ejemplos de materia. Hasta el aire es materia. El aire es invisible pero sabes que está ahí cuando sientes una brisa fría o ves árboles doblarse por el viento.

¿Qué es exactamente la materia? ¡Esta pregunta es difícil de responder! Puedes empezar por conocer algunas de sus propiedades.

Propiedades de la materia

La materia puede ser dura o suave, áspera o lisa, redonda o cuadrada, fría o caliente. Hay materia que es muy inflamable, en tanto que otra no. ¡Cabe en una caja de zapatos o es tan grande como la Tierra entera! La materia

Figura 1 Un géiser despide agua caliente y vapor compuesto de gotitas de agua líquida caliente en el aire. Un géiser también despide vapor de agua. Con el aire frío, pronto se convierten en más gotas de vapor, aumentando el drama de la escena.

puede ser de cualquier color del arco iris (o puede no tener color). Dureza, textura, forma, temperatura, inflamabilidad, tamaño y color son ejemplos de propiedades de la materia.

¿Pueden cambiar las propiedades de la materia? La respuesta es sí. El agua, por ejemplo, es un líquido transparente a temperatura ambiente. A temperaturas bajo cero el agua está en forma sólida —hielo—, que es dura y helada. A temperaturas altas, el agua existe en forma de vapor de agua, un gas invisible. En la Figura 1 puedes ver pruebas del agua en sus formas sólida, líquida y gaseosa.

El agua líquida, el hielo y el vapor de agua están hechos de la misma sustancia, pero en diferentes estados. **Los tres principales estados de la materia son sólido, líquido y gaseoso.** Aprenderás más acerca de estos tres estados de la materia en el Capítulo 2.

Propiedades características

Algunas propiedades de la materia, como el tamaño o la cantidad, se cumplen sólo para un determinado tipo de materia. Por ejemplo, una pieza de hielo puede ser tan pequeña como un cubo o tan grande como un glaciar. En ambos casos, la sustancia sigue siendo hielo. Sin embargo, algunas propiedades son válidas para una clase particular de sustancia sin importar el tipo. Estas propiedades se llaman **propiedades características.** Por ejemplo, todos los diamantes tienen la misma dureza. (De hecho son la sustancia más dura conocida.) **Puesto que las propiedades características de una sustancia determinada nunca cambian, pueden usarse para identificar materia desconocida.**

Interpretar datos

Observa los puntos de fusión y los de ebullición de las cinco sustancias listadas en la tabla. Identifica cada estado físico de las sustancias a temperatura ambiente (aproximadamente 20°C). ¿Es gas, líquido o sólido? Explica cómo sacaste tus conclusiones.

ACTIVIDAD

Sustancia	Punto de fusión (°C)	Punto de ebullición (°C)
Agua	0	100
Cloroformo	–64	61
Etanol	–117	79
Propano	–190	–42
Sal de mesa	801	1,465

Figura 2 Todas las sustancias puras, aun el agua congelada, se fusionan a una temperatura característica.

Punto de ebullición Si pones un recipiente con agua en una estufa y enciendes el quemador, pronto el agua comienza a hervir. ¿Puedes predecir a qué temperatura hierve el agua? Por lo común, la respuesta es 100°C (100 grados Celsius). Puedes repetir esta actividad tantas veces como quieras, el agua casi siempre hervirá a la misma temperatura. Sin embargo, si tratas de hervir otros líquidos, como aceite vegetal o margarina derretida, descubrirás que hierven a temperaturas muy distintas a la del agua.

La temperatura a la que un líquido hierve se llama **punto de ebullición.** El punto de ebullición es un ejemplo de una propiedad característica de una sustancia. Por este motivo, comparar los puntos de ebullición puede ser una forma excelente de distinguir un líquido de otro. Por ejemplo, considera tres líquidos diferentes: agua, cloroformo y etanol. El cloroformo se usaba para hacer dormir a los pacientes en las salas de operación; el etanol es parte de un grupo de sustancias llamadas alcoholes. Los tres líquidos son transparentes e incoloros; no podrías diferenciarlos por su apariencia solamente. Pero, si observas los datos en la tabla de la izquierda, verás que cada líquido hierve a distinta temperatura.

Punto de fusión Otra propiedad característica puede ayudarte a identificar sólidos. Supón que sacas una bandeja de cubos de hielo del congelador cuya temperatura está cerca de –10°C y la pones en la cocina cuya temperatura es de unos 25°C. Los cubos se calentarán gradualmente. Cuando su temperatura llegue a 0°C, comenzarán a fusionarse. La temperatura a la que un sólido se derrite se llama **punto de fusión.** Como una sustancia sólida sólo se fusiona a determinada temperatura, el punto de fusión es otra propiedad característica.

No todos los sólidos se fusionan tan fácil como el hielo. Si calientas una muestra de sal de mesa, ésta sólo se fusionará a más de 800°C. ¡Una temperatura mayor que la que alcanza la mayoría de los hornos!

Si tienes un sólido que se fusiona a 0°C, ¿podrías estar seguro de que es agua? ¡No necesariamente! Otros sólidos también se fusionan a 0°C. De hecho, muchas sustancias comparten puntos de fusión y de ebullición u otras propiedades características. Por esta razón, a veces necesitas estudiar al menos dos o tres propiedades características antes de poder identificar una sustancia.

☑ *Punto clave ¿Cuáles son dos ejemplos de propiedades características?*

Cambios en la materia

Cambios en el estado de la materia, como la fusión y la ebullición, son ejemplos de cambios físicos. Los **cambios físicos** modifican la forma de una sustancia, pero no su identidad. Incluso cuando haces que se evapore el agua de un recipiente, el agua aún está presente como vapor de agua. Otros ejemplos de cambios físicos son comprimir una lata de soda, romper una hoja de papel y disolver azúcar en el té helado o en el cereal. Separar las partes de una sustancia, como colar jugo de naranja para eliminar la pulpa, también es un cambio físico. En cada uno de estos ejemplos, la forma o apariencia de las sustancias cambió, pero las sustancias mismas permanecieron.

En los **cambios químicos,** no obstante, una o más sustancias se combinan o separan para formar nuevas sustancias. Calentar azúcar y volverla caramelo es un cambio químico. Cuando se completa este proceso, las partículas originales del azúcar ya no existen. Cuando la madera se quema, se combina con oxígeno en el aire para producir gases incandescentes que reconoces como fuego. Este proceso convierte la madera en ceniza y gases, que ya no son madera.

La capacidad de una sustancia de sufrir un cambio químico específico es otro ejemplo de propiedad característica. Esta propiedad se llama **actividad química** de la sustancia.

Figura 3 A diferencia de un cambio físico, un cambio químico modifica la identidad de una sustancia. En un incendio forestal, la madera se convierte en gases y otras sustancias. En un tubo de ensayo, puede producirse caramelo al calentar el azúcar.
Observar ¿Cómo podrías explicar que se formaron sustancias nuevas en ambas fotografías?

Figura 4 Estos dos estudiantes realizan una prueba de sabor para identificar diferentes bebidas. *Predecir Explica por qué piensas que serán o no capaces de hacerlo.*

Tipos de materia

¿Por qué saben diferente los jugos de frutas? La respuesta es que contienen distintos ingredientes. Dicho de otra manera, la materia en cada jugo es diferente. Los científicos a veces encuentran esto útil para describir la materia en términos de su composición. **La materia puede clasificarse en dos categorías generales: mezclas y sustancias puras. Las sustancias puras abarcan elementos y compuestos.**

Mezclas

¿Exactamente qué hay en las bebidas que se aprecian en la Figura 4? Cada una contiene muchos ingredientes, incluidos agua, azúcar, saborizantes y, quizá, trozos de pulpa de la fruta. Estas bebidas son ejemplos de mezclas. Una **mezcla** consiste en dos o más sustancias que se encuentran mezcladas, pero no combinadas químicamente.

En una mezcla, las sustancias mantienen separadas sus propiedades. No es fácil ver el azúcar en un jugo de naranja o de uva, pero desde luego puedes saborearla. A veces puedes separar con facilidad las sustancias que forman una mezcla. Si hierves agua de mar, por ejemplo, puedes separar la sal y el agua que la componen.

A veces los científicos clasifican las mezclas por lo "bien mezcladas" que están. En mezclas como la del agua de mar, las partes están tan bien mezcladas que parecen una sola sustancia. El agua de mar es una mezcla de agua, sal y otras sustancias. Este tipo de mezcla se llama **solución.** Puedes pensar en una solución como la "mejor mezcla" de todas las mezclas posibles. El agua azucarada es otro ejemplo de solución.

☑ *Punto clave* ¿Cómo se relacionan las soluciones con las mezclas?

Sustancias puras

No toda sustancia es una mezcla. Si pudieras observar de cerca, por ejemplo, el azúcar —a nivel de las partículas diminutas que la componen—, verías que es una sustancia pura, sin otras sustancias mezcladas. Una **sustancia pura** está hecha de un solo tipo de materia y tiene propiedades definidas. Ejemplos de sustancias puras son azúcar, sal, hierro, aluminio y cobre.

Cada muestra de sustancia pura es siempre la misma, sin importar cuál sea su forma. Por ejemplo, si separaras todos los ingredientes de distintas clases de jugo de fruta, el agua de cada uno sería exactamente igual. Lo mismo sería para el agua de la llave, de mar y de la sangre. El agua puede mezclarse con cualquier otro tipo de sustancia, pero el agua es siempre la misma sustancia.

Elementos Algunas sustancias puras, llamadas **elementos,** no pueden descomponerse en otras sustancias por ningún medio químico. ¡Individualmente o en combinación, los elementos forman cada objeto del mundo que te rodea! Tal vez te sorprenda saber que apenas y hay un poco más de 100 elementos diferentes. Y de éstos, tal vez sólo utilices 30 o 40 en tu vida diaria.

Mira la lista de elementos químicos que aparece en el Apéndice C. Observa que la mayoría de los elementos se representan con un símbolo de una o dos letras; por ejemplo, C para carbón y Cl para el cloro. ¿Cuántos de los elementos reconoces? Muchos de los elementos familiares son metales, como el hierro (ingrediente principal del acero) y el cobre (usado en cables eléctricos). El nitrógeno y el oxígeno son dos elementos que forman parte del aire que respiras.

Figura 5 Cuando el elemento plata (arriba) se encuentra como metal puro, suele tener la forma de una raíz de árbol. Puedes observar compuestos y combinaciones en cualquier parte. Los árboles, las plantas y el agua del estanque (izquierda) están hechos de compuestos que contienen carbono, hidrógeno, oxígeno y otros elementos.

EXPLORAR *la materia en la playa*

En una playa puedes encontrar toda clase de materia, incluyendo arena, conchas marinas, hierbas y otras plantas, y agua de mar. Muchos tipos de arena de playa se componen de pequeñas piedras y otras partículas que son arrastradas por las olas del mar.

Mezcla

Parte de la arena de playa es una mezcla de una sustancia llamada cuarzo y diminutos fragmentos de conchas de mar. El color de la arena de playa varía de acuerdo con su contenido de conchas.

Compuestos

Las conchas de mar contienen diferentes compuestos de calcio, incluido el carbonato de calcio. El cuarzo está formado por un compuesto llamado dióxido de silicio.

Carbonato de calcio

Dióxido de silicio

Elementos

En su mayoría son cuatro los elementos de los compuestos de la arena de playa: silicio, oxígeno, calcio y carbono. Como muchas sustancias, ¡la arena de playa comparte algunas propiedades con los elementos que la componen!

Silicio

Oxígeno

Calcio

Carbono

Compuestos ¿Cómo pueden apenas 100 elementos formar toda la materia del universo? La respuesta es que los elementos se combinan de maneras muy diferentes para formar una enorme cantidad de compuestos. Un **compuesto** es una sustancia pura formada a partir de la combinación química de dos o más elementos distintos. El agua y el dióxido de carbono son ejemplos de compuestos. Así como se utilizan símbolos para representar elementos, se emplean fórmulas para representar compuestos. La fórmula del agua es H_2O y la del dióxido de carbono es CO_2.

Las propiedades de los compuestos siempre son diferentes de las propiedades de los elementos que los forman. Por ejemplo, el elemento carbono (C) es común encontrarlo como sólido en polvo negro. Los elementos hidrógeno (H) y oxígeno (O) existen como gases invisibles; sin embargo, cuando éstos se combinan para formar compuestos, resulta una sustancia diferente. Un compuesto de carbono, hidrógeno y oxígeno es el azúcar común, un sólido granulado blanco. Su fórmula es $C_{12}H_{22}O_{11}$. Las propiedades del azúcar son muy distintas de las de los elementos que la forman.

Figura 6 Tú interactúas todo el tiempo con la materia, sea que montes en bicicleta, comas un emparedado o hagas una gigantesca burbuja de jabón.

La materia está a tu alrededor

Ahora que ya has leído esta sección, elige algunos objetos familiares y pregúntate acerca de ellos. ¿Los objetos son sólidos, líquidos o gaseosos? ¿Cuáles son mezclas y cuáles sustancias puras? ¿Puedes identificar alguno de los elementos sobre los que acabas de leer, como oxígeno, hierro, cobre o aluminio? Al plantear preguntas y analizar las respuestas, estás dando los primeros pasos en el estudio de la materia, "eso" que forma todo en el universo.

Repaso de la sección 1

1. Enumera los tres principales estados de la materia. Da dos ejemplos de cada uno.

2. ¿Qué quiere decir "propiedad característica de una sustancia"?

3. Compara los cambios físicos y los químicos. Ejemplifica en tu respuesta.

4. Describe cómo se clasifica la materia en mezclas, sustancias puras, elementos y compuestos.

5. **Razonamiento crítico Aplicar los conceptos** El líquido A y el líquido B hierven a 100°C. Con lo que sabes de las propiedades características, explica por qué los líquidos podrían no ser iguales.

PROYECTO DEL CAPÍTULO 1

Comprueba tu aprendizaje
Elige el producto y la propiedad que probarás. Diseña un procedimiento para probar la propiedad elegida de un producto. Decide qué variables mantendrás constantes. Describe cómo medirás y organizarás los datos que reúnas. Trabaja con un compañero para analizar propuestas sobre tu procedimiento. Responde las preguntas de tu compañero acerca del procedimiento; escucha sus comentarios e incorpora a tu plan los que sean adecuados.

SECCIÓN
2 Medir la materia

DESCUBRE •••••••••••••••••••••••••••••••••••••• ACTIVIDAD••••

¿Cuál tiene más masa?

1. Tu maestro te proporcionará algunos objetos pequeños, como una piedra, una taza de plástico, una lata de aluminio y un lápiz. Obsérvalos, pero no los toques.

2. Predice cuál es el objeto más ligero, cuál es el segundo más ligero, etc. Anota tus predicciones.

3. Usa una balanza de tres astiles para hallar la masa de cada objeto.

4. Con base en tus resultados, enumera los objetos de más ligeros a más pesados.

Reflexiona sobre

Sacar conclusiones ¿Cómo se comparan tus predicciones con tus resultados? ¿Los objetos más grandes son siempre más pesados que los más pequeños? ¿Por qué?

GUÍA DE LECTURA

◆ **¿Cuál es la diferencia entre peso y masa?**

◆ **¿Cómo se calcula la densidad?**

Sugerencia de lectura **Antes de leer, define masa, volumen y densidad en tus propias palabras. Después, revisa tus definiciones a medida que leas.**

H e aquí un acertijo para ti: ¿Qué pesa más, una libra de plumas o una libra de ladrillos? Si respondiste "la libra de ladrillos", piénsalo de nuevo. Ambos pesan exactamente lo mismo: ¡una libra!

Hay toda clase de maneras de medir la materia, y tú las usas diario. Los científicos también dependen de las mediciones. De hecho, trabajan rigurosamente para asegurar que sus mediciones sean tan precisas como sea posible.

Masa

Un veterinario desea saber el peso actual de un perro durante su revisión anual. Para esto, la dueña sube en la báscula, en el consultorio del veterinario, con el perro en sus brazos. El peso de ambos cuerpos se combina y presiona los resortes de la báscula. Cuanto más pesen la mujer y su perro, más se comprimirán los resortes y más alta será la lectura. Al restar al total el peso de la dueña, el veterinario obtiene la respuesta.

Sin embargo, una báscula no señalaría el mismo peso si estuvieras en la Luna. Al subirte en la báscula en la Luna los resortes no se comprimirían tanto como en la Tierra. Pesarías menos en la Luna.

Figura 7 Si un perro no quiere sentarse en una báscula, puedes subirte en la báscula con él.

¿Peso o masa? ¿Por qué cambia tu peso fuera de la Tierra? La razón es que tu **peso** es una medida de la fuerza de gravedad sobre ti. En la Tierra, todos los objetos son atraídos por la gravedad de la Tierra. En otros planetas la fuerza de gravedad puede ser mayor o menor. En la Luna la fuerza de gravedad es menos fuerte que en la Tierra. Pesas menos.

En la vida cotidiana, el peso es la medida de cuánta materia posee un objeto. Pero los científicos confían más en una propiedad que es constante donde quiera que el objeto esté. Esta propiedad se llama masa. La **masa** de un objeto es la medida de la cantidad de materia que contiene. **El peso de un objeto cambiará si te mueves de la Tierra a la Luna o a otros planetas, pero su masa será siempre la misma.**

Unidades de masa Para medir las propiedades de la materia, los científicos usan un sistema de unidades llamado **Sistema Internacional de Unidades.** Este sistema se abrevia "SI", por su nombre francés, Système International. Para masa, la unidad del SI es el kilogramo (kg). Si tu pesas 90 libras en la Tierra, tu masa es aproximadamente de 40 kilogramos.

Aunque a veces veas el uso de kilogramos en el texto, por lo común verás una unidad más pequeña: el gramo (g). Hay exactamente 1,000 gramos en un kilogramo. Un níquel tiene una masa como de 5 gramos, la masa de una pelota de béisbol es de casi 150 gramos, y el agua en un vaso promedio posee una masa aproximada de 200 gramos.

☑ *Punto clave* ¿Cuál es la unidad del SI para la masa?

Volumen

La cantidad de espacio que ocupa la materia se llama **volumen**. Es sencillo ver el volumen que ocupan objetos sólidos y líquidos. Los gases también tienen volumen. Observa un globo a medida que lo inflas. En realidad lo que estás haciendo es aumentar su volumen al soplarle.

INTÉNTALO

Tiempo de burbujas   **ACTIVIDAD**

¿Los gases tienen volumen?

1. Llena un recipiente grande con agua. Sumerge totalmente una taza de plástico transparente, con la boca hacia arriba.

2. Marca el nivel del agua con cinta adhesiva por fuera del recipiente.

3. Voltea la taza hacia abajo, bajo el agua, sin dejar que entre ninguna burbuja en la taza.

4. Introduce en el agua el extremo flexible de un popote y colócalo dentro de la taza. Luego sopla por el popote.

Inferir ¿El aire que soplaste a la taza cambió el nivel del agua en el recipiente? Explica tus observaciones.

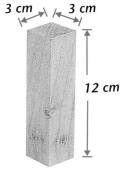

Figura 8 El volumen se mide en varias unidades. Generalmente los líquidos se miden en litros (L) o mililitros (mL), y los sólidos se miden en centímetros cúbicos (cm³).

INTEGRAR LAS MATEMÁTICAS Para objetos rectangulares como un bloque de madera, el volumen se determina con sólo multiplicar las medidas de la longitud, el ancho y la altura.

$$Volumen = Longitud \times Ancho \times Altura$$

Cuando multiplicas las tres medidas, debes multiplicar las unidades además de los números. Como $2 \times 2 \times 2 = 2^3$, $cm \times cm \times cm = cm^3$. Si un bloque de madera tiene una longitud de 3 centímetros, un ancho de 3 centímetros y una altura de 12 centímetros, entonces el volumen sería igual al producto de estos valores.

$$Volumen = 3\ cm \times 3\ cm \times 12\ cm = 108\ cm^3$$

CIENCIAS e Historia

Sistemas de medición

Como muchas cosas en las ciencias, los sistemas de medición se desarrollaron poco a poco en diferentes partes del mundo.

1400 A.C.
Egipto

Los antiguos egipcios idearon el primer instrumento que se conoce para medir el peso: una balanza simple con una aguja. Ya antes, habían sido los primeros en establecer una medida de longitud. La longitud, llamada codo, la definieron como la distancia entre el codo y la punta del dedo medio.

1500 A.C.	1000 A.C.	500 A.C.	1 D.C.

640 A.C.
Lidia

Los mercaderes del Medio Oriente y del Mediterráneo usaban medidas de peso para asegurarse de recibir la cantidad correcta de oro o plata y comprobar la pureza de cada metal. Un *talento* pesaba 25 kilogramos y una *mina* 500 gramos. Los lidios acuñaron las primeras monedas con valor y peso estándar.

200 D.C.
China

Shih Huang Ti, el primer emperador de China, estableció estándares para peso, longitud y volumen. Los chinos fueron los primeros en usar la notación decimal, el sistema numérico basado en 10 dígitos. Éste es el sistema que más personas usan hoy en día.

El nombre para cm³ es centímetro cúbico; ésta es una unidad de volumen común. Otras unidades de volumen incluyen el litro (L) y el mililitro (ml), ambos se usan para medir líquidos. Un mililitro es exactamente 1 centímetro cúbico. Hay 1,000 mililitros en un litro.

¿Cómo puedes medir el volumen de un objeto de forma irregular, como una fruta o una piedra? Una manera es colocar el objeto en una probeta graduada que contenga agua y medir el cambio de volumen del agua.

☑ *Punto clave* ¿*Cómo calculas el volumen de un objeto rectangular como una caja de zapatos?*

En tu diario

Aunque los científicos usan el SI de unidades, la gente usa otras unidades de medición por distintas razones. Investiga las unidades usadas en el corte de diamantes, la navegación u otras actividades. Redacta un breve ensayo para presentar tus hallazgos.

789 D.C.
Europa Central

El pie de Carlomagno, emperador de gran parte de Europa Central, se estableció como unidad estándar de longitud. La unidad estándar de peso fue el *Karlspfund*, traducido como "libra de Carlomagno".

1714 D.C.
Alemania

Gabriel Fahrenheit inventó el termómetro, un instrumento para medir la temperatura, que se basa en la expansión del mercurio por calor. Su nombre posteriormente empezó a utilizarse para nombrar la unidad de temperatura.

1531.—Termómetro Fahrenheit

| 500 D.C. | 1000 D.C. | 1500 D.C. | 2000 D.C. |

700 D.C. Inglaterra

En el reinado de Ethelbert II en Inglaterra, el término *acre* era de uso común como medida de área. Un acre se definía como la cantidad de tierra que dos bueyes podían arar en un día.

1983 D.C.
Francia

La Oficina Internacional de Pesas y Medidas define un sistema de unidades común en todo el mundo. En 1983, el metro se definió como la distancia que recorre la luz en una fracción de segundo.

Figura 9 Esta tabla enlista las unidades de masa, volumen y distancia que se utilizan comúnmente. *Hacer generalizaciones ¿Qué unidades miden la cantidad de espacio que ocupa un objeto? ¿Qué unidades miden la cantidad de materia en un objeto?*

Cantidad	SI/Unidades métricas	Otras unidades	Conversiones
Masa	Kilogramo (kg) Gramo (g)		1 kilogramo = 1,000 gramos
Volumen	Metro cúbico (m^3) Litro (L) Mililitro (ml) Centímetro cúbico (cm^3)	Cuarto de galón	1 mililitro = 1 cm^3
distancia	Metro (m) Kilómetro (km) Centímetro (cm)	Pie Milla Pulgada	1 kilómetro = 1,000 metros 1 centímetro = 0.01 metro

Densidad

Diferentes sustancias pueden tener la misma masa, pero no llenar el mismo volumen. ¿Recuerdas el acertijo de las plumas y los ladrillos? Un kilogramo de ladrillos ocupa menos volumen que la misma masa de plumas. Esto es porque ambos tienen densidades distintas —importante propiedad característica de la materia—. La **densidad** es la medida de la cantidad de masa contenida en un volumen determinado. **Para calcular la densidad de un objeto, divide su masa entre su volumen.**

$$\text{Densidad} = \frac{\text{Masa}}{\text{Volumen}}$$

Figura 10 Un objeto se hunde o flota debido, en parte, a su densidad. Estos patos están constituidos por varias sustancias, pero en conjunto, sus cuerpos tienen una densidad menor que la del agua.

Una unidad de densidad es siempre una unidad de masa, como los gramos, dividida entre una unidad de volumen, como los centímetros cúbicos. Una unidad de densidad típica se escribe "g/cm^3", que se lee "gramos por centímetro cúbico". La palabra *por* significa "por cada", que en matemáticas es "dividido por". Para los líquidos, la densidad se establece a menudo en gramos por mililitro, o g/ml. La densidad del agua es 1.0 g/ml, que es lo mismo que 1.0 g/cm^3.

A veces, puedes comparar las densidades de dos sustancias con sólo observarlas. Por ejemplo, mira la fotografía de los patitos en esta página. Los patos pueden flotar porque sus cuerpos son menos densos que el agua; la densidad del agua es de 1.0 g/cm^3, entonces, la densidad de los patos debe ser menor. Del mismo modo, un objeto que se hunde en el agua debe tener una densidad mayor a 1.0 g/cm^3.

Las ideas de Dalton

En 1802, una nueva teoría atómica fue propuesta por un maestro de escuela británico, John Dalton. Nadie sabe qué tan influido estaba Dalton de las ideas de Demócrito. A diferencia de los griegos, Dalton experimentó en un laboratorio.

Con base en la evidencia que tenía, Dalton infirió que los átomos debían tener ciertas características. He aquí las principales.

◆ *Los átomos no pueden dividirse en partículas más pequeñas.* **Dalton imaginaba que los átomos eran como diminutas canicas, o esferas rígidas, imposibles de dividir.**

◆ *En cualquier elemento, todos los átomos son idénticos.* Esta idea explica por qué un elemento siempre tiene las mismas propiedades.

◆ *Los átomos de dos o más elementos pueden combinarse para formar compuestos.* Como los compuestos pueden dividirse en elementos, Dalton concluyó que los compuestos están hechos de átomos también.

◆ *Los átomos de cada elemento poseen una masa única.* Sin embargo, Dalton y otros científicos de su tiempo no fueron capaces de medir la masa de átomos individuales.

◆ *Las masas de los elementos en un compuesto siempre están en una proporción constante.* El agua, por ejemplo, es un compuesto formado por átomos de hidrógeno y de oxígeno. Si comparas cualquier muestra de agua pura con otra muestra de agua pura, la proporción entre las masas de hidrógeno y oxígeno es siempre la misma.

Actualmente, los científicos han identificado algunas excepciones importantes a las afirmaciones de Dalton. Aun así, la teoría de Dalton es la base de nuestra comprensión de los átomos.

☑ *Punto clave* *¿Cuáles fueron dos de las ideas de Dalton acerca de los átomos?*

Herramientas MATEMÁTICAS

Proporciones constantes

Una proporción son dos cantidades representadas como una fracción. Si dos pares de números producen la misma proporción, ésta es constante. Supón que quieres comparar la proporción de 16 a 2 con la de 24 a 3.

1. Escribe la primera fracción, luego redúcela a los valores de números enteros más pequeños.

$$\frac{16}{2} = \frac{8}{1}$$

2. Ahora haz lo mismo con el otro par de números.

$$\frac{24}{3} = \frac{8}{1}$$

3. Ambas fracciones dan como resultado la misma proporción, así que la proporción es constante.

En cualquier muestra de un compuesto, la proporción entre las masas de dos elementos en el compuesto siempre es constante.

Figura 13 El óxido de calcio, llamado también cal viva, es un ingrediente del mortero: el "pegamento" que mantiene unido los ladrillos. En cualquier cantidad de óxido de calcio, la proporción entre la masa de calcio y la masa de oxígeno siempre es de 5 a 2.

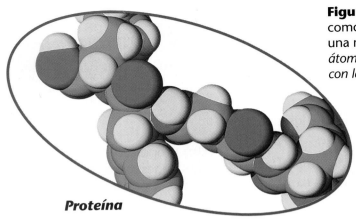

Proteína

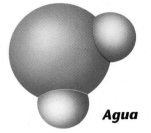

Figura 14 Una molécula puede ser tan compleja como la molécula de una proteína o tan simple como una molécula de agua. *Interpretar diagramas* ¿Cuántos átomos hay en una molécula de agua? ¿Cómo se compara con la molécula de proteína?

Agua

Átomos y moléculas hoy en día

Así como las manchas de color pueden combinarse y ordenarse para formar imágenes diversas, los átomos pueden combinarse y ordenarse para formar distintos compuestos. En muchos casos la partícula básica de un compuesto se llama molécula. Una **molécula** es un grupo de átomos unidos que actúan como una sola unidad. La fuerza que mantiene dos átomos juntos se llama **enlace químico.** La mayoría de los átomos forman libremente enlaces químicos con uno o más átomos.

Una molécula puede contener millones de átomos o sólo dos. Una de las moléculas más simples es la del agua (H_2O), que se muestra en la Figura 14. Si pudieras ver el interior de una simple gota de agua, descubrirías que contiene un enorme número de moléculas de agua. Si vieras aún más de cerca, encontrarías que todas son idénticas y que constan de dos átomos de hidrógeno y uno de oxígeno.

¿Qué tan pequeño es lo pequeño? ¿Qué tan pequeños son los átomos? La mejor manera de responder es comparar los átomos de los objetos cotidianos. He aquí algunos ejemplos:

Una hoja de papel tiene cerca de 10,000 átomos de espesor.

Hay 2,000,000,000,000,000,000,000 (dos mil trillones) de átomos de oxígeno en una gota de agua ¡y el doble de átomos de hidrógeno!

Las imágenes de los periódicos están hechas de diminutas gotas de tinta. Cada gota contiene cerca de un trillón de átomos (esto es, un 1 seguido de 18 ceros).

Los átomos son tan pequeños que, por muchos años, nadie esperaba verlos. Pero ahora existe un instrumento que permite vislumbrar a qué se parecen los átomos. El instrumento se llama microscopio de registro de túnel. Éste puede amplificar las cosas tanto que capta imágenes de átomos. La Figura 15 muestra un ejemplo de lo que puede revelar un microscopio de registro de túnel.

Artes del lenguaje
CONEXIÓN

En el cuento de ciencia ficción de Isaac Asimov, *Viaje fantástico,* la gente es encogida al tamaño de una célula. Sus experiencias dentro del cuerpo de una persona de tamaño natural son una lectura "fantástica". Imagina lo que sería encogerse al tamaño de un átomo.

En tu diario

Escribe una historia de una página acerca de lo que verías y experimentarías mientras te encoges al tamaño de un átomo. Explora tu nuevo mundo; describe los otros átomos y moléculas alrededor de ti. ¿Qué pasa conforme creces a un tamaño normal?

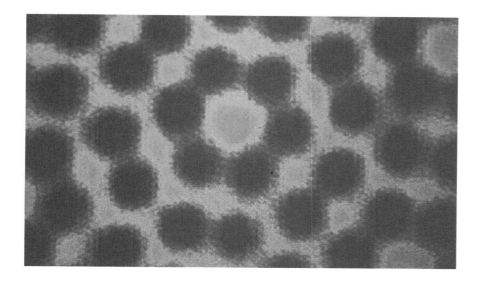

Figura 15 Un microscopio de registro de túnel produjo esta imagen de átomos de silicio.

Usar modelos Cuando piensas en la materia en términos de átomos y moléculas, estás usando un modelo conocido como modelo de partículas de la materia. Un modelo es una imagen mental de cómo funcionan las cosas en realidad.

El modelo de partículas es útil, pues explica diversos hechos sobre el mundo que te rodea. De hecho, los científicos pueden explicar toda clase de propiedades de los elementos al estudiar los átomos que los componen. Además, pueden explicar las propiedades de los compuestos al estudiar las moléculas que los componen.

Repaso de la sección 3

1. ¿Qué obtendrías si pudieras dividir un elemento en partículas más pequeñas?
2. ¿Cómo se imaginó Dalton los átomos?
3. Un cubo de hielo consiste de moléculas de agua (H_2O). ¿Podrías dividir indefinidamente en partículas más y más pequeñas un cubo de hielo? Explica tu respuesta.
4. **Razonamiento crítico** **Aplicar los conceptos** El antiguo filósofo griego Aristóteles refutó las ideas de Demócrito sobre el átomo. "Si la materia se compone de partículas indivisibles", preguntó, "entonces, ¿qué mantiene unidas a estas partículas?" ¿Puedes proponer una respuesta a Aristóteles?
5. **Razonamiento crítico** **Calcular** Una muestra de un compuesto contiene 64 gramos de cobre y 16 gramos de oxígeno. ¿Cuál es la proporción entre la masa de cobre y la masa de oxígeno? Si otra muestra del compuesto tiene 40 gramos de cobre, ¿cuánto oxígeno hay en la segunda muestra?

PROYECTO DEL CAPÍTULO 1

Comprueba tu aprendizaje
Una vez que el maestro apruebe tu procedimiento para la prueba de tu producto, obtén los materiales necesarios y realiza la prueba. Si modificas el procedimiento, cambia las instrucciones para que reflejen tus modificaciones. (*Sugerencia:* Un buen procedimiento experimental debe ser confiable. Prueba más de una muestra del mismo producto para ver si tus resultados pueden repetirse.)

4 Elementos de la Tierra

DESCUBRE ·························· ACTIVIDAD····

¿Cómo separas los tornillos de la arena?

1. Mezcla arena seca con algunos tornillos de metal. Pon la mezcla en una bandeja o en un molde para pastel.

2. Piensa en cómo separar la arena y los tornillos. Tal vez no puedas usar un imán pero sí agua, una palangana, toallas de papel y otros utensilios disponibles en tu salón.

3. Con la aprobación de tu maestro, prueba tu procedimiento.

Reflexiona sobre

Crear un experimento ¿Qué propiedades de la materia usaste para separar la arena y los tornillos? ¿Qué tan exitoso fue tu procedimiento?

GUÍA DE LECTURA

◆ ¿Qué propiedad del oro permite lavarlo en batea?

◆ ¿Qué propiedad sirve para extraer cobre o hierro de sus minerales?

Sugerencia de lectura A medida que leas, enumera las maneras en que separa la gente los elementos puros de las formas en que los encuentra en la naturaleza.

¡**O**ro! En 1848 se encontraron varias pepitas de oro en el American River en el norte de California cerca de un molino propiedad de John Sutter. Miles de personas corrieron a las colinas de California con bateas, picos y palas, con la esperanza de encontrar este metal precioso. Buscaron las riberas y cauces de riachuelos por más pepitas y hasta por laminillas de oro. Algunos tuvieron suerte y se hicieron ricos pero muchos regresaron con las manos vacías. Tal vez los más decepcionados de todos hayan sido los que encontraron pirita, un compuesto de los elementos hierro y azufre parecido al oro. Otro nombre para la pirita es "oro de los tontos".

Un minero lava en batea en busca de oro, en el norte de California. ▶

El oro y la densidad

Durante la fiebre del oro en California, los mineros aprovecharon una propiedad característica del metal. Como se mencionó en la Sección 2, la densidad del oro es de 19.3 g/cm^3. Esto es mucho más denso que la arena y la tierra con las que el oro está mezclado. Y la densidad de la muy parecida pirita es de sólo 5.0 g/cm^3. **La densidad alta del oro sirve para separarlo de cualquier material que lo rodee.**

Los mineros usaron la técnica de lavar en batea para separar el oro de la arena y la tierra con que se mezcla. Ponían una mezcla de polvo de oro y arena y tierra en una batea poco profunda y la cubrían de agua. Cuando se hacía girar el agua en la batea y se escurría poco a poco, el agua tendía a llevarse la arena y la tierra, menos densos que el oro. El oro, más denso, se hundía. Este proceso se repetía hasta que sólo permanecía el oro puro en el fondo de la batea.

En la actualidad la extracción de oro se hace a una escala mayor y se usan grandes máquinas llamadas dragas. No obstante, el principio fundamental para separar el oro por densidad es el mismo. Las dragas toman grandes cantidades de arena y tierra, las lavan con agua y separan el oro de manera similar al lavado con batea.

☑ *Punto clave* *¿Por qué la densidad del oro es una propiedad característica?*

El cobre y la electrólisis

Las pepitas y el polvo de oro son casi oro puro. Sin embargo, otros metales útiles no existen comúnmente en la naturaleza como elementos puros. El cobre, por ejemplo, a menudo se halla en composición. Los compuestos de cobre se encuentran en la naturaleza en ciertas rocas. Una roca que contiene un metal u otro material económicamente aprovechable se llama **mineral**.

No podrías separar el cobre de su mineral rompiendo éste en pequeños pedazos. **Para extraer cobre de un mineral es necesario aprovechar una de sus propiedades características: su actividad química.** Cuando se pasa una corriente eléctrica por una solución de

Figura 16 Las pepitas de oro contienen sólo oro puro.

Figura 17 Los minerales contienen cantidades de metales que están combinados con otros elementos. **A.** La malaquita contiene cobre. **B.** La pirita contiene hierro. *Aplicar los conceptos ¿Por qué los minerales tienen las diferentes propiedades que los elementos contienen?*

un compuesto de cobre, ocurre un cambio químico que separa el cobre de los otros elementos en el compuesto. Este proceso se llama electrólisis, que literalmente significa "disolución eléctrica". En la **electrólisis,** una corriente eléctrica rompe el enlace químico que une el metal y otros elementos en el compuesto.

En la electrólisis, una batería u otra fuente produce una corriente eléctrica que es llevada por cables. Al final de cada cable hay una banda de metal llamada **electrodo.** Los dos electrodos se sumergen en una

Cómo funciona

Separar el cobre

En la naturaleza, el cobre generalmente se encuentra en composición con otros elementos. En este experimento harás una electrólisis para separar cobre de un compuesto llamado cloruro de cobre.

Problema

¿Cómo separar el cobre puro de un compuesto por medio de electrólisis?

Enfoque en las destrezas

observar, inferir

Materiales

frasco de vidrio de unos 250 ml	baterías de 6 voltios
dos clips	tarjeta

cables con caimanes o portabaterías con cables
solución de cloruro de cobre (0.6 *M*), 50–100 ml

Procedimiento

1. Estira el clip y forma un gancho. Atraviesa con el extremo largo la tarjeta, hasta que tope con el gancho.

2. Repite el Paso 1 con el otro clip; ambos deben estar separados entre 2 y 3 cm. Los clips servirán como electrodos.

3. Vierte suficiente solución de cloruro de cobre en el frasco para cubrir al menos la mitad de la longitud de los clips cuando la tarjeta se coloque sobre la boca del frasco.
PRECAUCIÓN: *La solución de cloruro de cobre puede irritar la piel y los ojos. No la toques o acerques la boca. La solución puede manchar tu piel y ropa.*

4. Pon la tarjeta en la parte superior del frasco. Si la solución no cubre los clips por lo menos a la mitad, agrega más.

solución de agua hecha del mineral de cobre. Cuando enciendes la corriente, un electrodo atrae los metales del mineral y el otro electrodo atrae los otros materiales.

Luego de que el primer electrodo sea cubierto con los suficientes átomos, el metal puede rasparse y utilizarse. Aunque la electrólisis puede darse en un vaso de precipitados, la industria del cobre recurre a la electrólisis a gran escala para producir cantidades mucho mayores de metal.

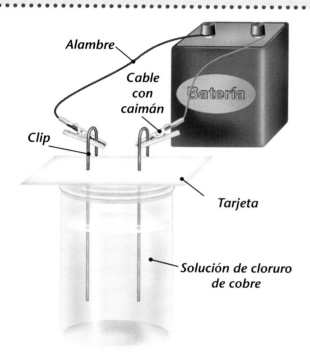

Alambre

Cable con caimán

Batería

Clip

Tarjeta

Solución de cloruro de cobre

5. Sujeta un cable a cada polo de la batería. Sujeta los otros extremos de los cables a su clip correspondiente. Ve la ilustración. Evita que se toquen los clips.

6. Predice qué pasaría si dejaras pasar corriente por 2 o 3 minutos. (*Sugerencia: ¿Qué elementos contiene la solución de cloruro de cobre?*)

7. Deja que la corriente corra en el dispositivo por 2 o 3 minutos o hasta que veas un depósito en uno de los electrodos. También busca burbujas.

8. Retira la tarjeta. Acerca el rostro al frasco y agítalo bajo tu nariz. Trata de identificar algún olor.

9. Observa si el color de la solución cambió desde que empezaste el procedimiento.

10. Desconecta los cables. Observa el color de las puntas de los electrodos.

Analizar y concluir

1. Haz un diagrama de tu dispositivo experimental. Indica qué electrodo está conectado al polo positivo de la batería y cuál al negativo.

2. ¿En qué electrodo se produjo cobre? ¿En qué electrodo se produjo cloro?

3. Si el color de la solución cambió, ¿cómo explicarías el cambio?

4. Compara las propiedades del cobre, el cloro y la solución de cloruro de cobre.

5. Describe los cambios en la materia que observaste. Clasifícalos como cambios físicos o cambios químicos.

6. Aplicar Usa como pruebas tus observaciones del procedimiento, explica por qué piensas que el cloruro de cobre es un compuesto, y no una mezcla.

Explorar más

Supón que reconectaras los cables con los polos positivo y negativo invertidos. Predice cómo cambiarían tus resultados en estas condiciones. Con la autorización de tu maestro, realiza la electrólisis con las conexiones invertidas. ¿Fue correcta tu predicción?

Figura 18 Es posible usar reacciones químicas a gran escala para producir material utilizable. Este alto horno se emplea para hacer reaccionar carbono con mineral de hierro para producir el metal hierro. La fuente del carbono es la hulla, una sustancia producida a partir del carbón.

El hierro y la actividad química

En los minerales de hierro, el elemento hierro está combinado químicamente con otros. ¿Cómo se separa este metal utilizable de sus minerales? Si se ponen al calor del fuego menas que contengan hierro y una fuente de carbono, el hierro es liberado.

¿Por qué funciona este método? El secreto está en la actividad química del mineral de hierro y el carbono. La mayoría de los minerales de hierro contienen hierro combinado con oxígeno. El carbono viene del coque, derivado del carbón. Cuando se calienta, el carbono reacciona con el oxígeno del mineral, dejando el metal hierro puro.

En la actualidad puedes observar el mismo proceso de purificación en los altos hornos, como se ve en la Figura 18. Los altos hornos usan cantidades enormes de coque y temperaturas altas para separar el hierro del mineral en que se encuentra. El hierro purificado en estos hornos puede usarse para hacer acero, mezcla de hierro con otros elementos.

Repaso de la sección 4

1. Describe cómo se aprovecha una propiedad característica del oro en el lavado con batea.
2. ¿Cómo se utiliza la actividad química para separar cobre de los minerales?
3. ¿Qué les pasa a los elementos en el mineral de hierro cuando éste se mezcla con carbono y se calienta?
4. **Razonamiento crítico Formular juicios** El planeta Tierra posee una provisión limitada de todos los metales. Predice si los programas de reciclaje de aluminio, hierro y otros metales cobrarán más importancia en el futuro.

PROYECTO DEL CAPÍTULO
1

Comprueba tu aprendizaje

Intercambia tu procedimiento escrito y muestras de producto con otro compañero. Repite el procedimiento de ese compañero; sigue las instrucciones con la mayor exactitud que puedas. Comparte tus resultados con tu compañero. Piensa en formas de mejorar tanto tu procedimiento como el de tu compañero para que sea más claro seguirlos.

SECCIÓN 1 Describir la materia

Ideas clave

◆ La materia forma todo en el universo. Los tres estados de la materia son sólido, líquido y gaseoso.

◆ Las propiedades características de una sustancia pueden usarse para identificar la sustancia.

◆ Los cambios físicos modifican la forma de una sustancia, pero no su identidad. En los cambios químicos se combina o descompone una o más sustancias para formar nuevas sustancias.

◆ La materia puede clasificarse en dos categorías generales: mezclas y sustancias puras. Las sustancias puras incluyen elementos y compuestos.

Términos clave

propiedad característica
punto de ebullición
punto de fusión
cambio físico
cambio químico
actividad química

mezcla
solución
sustancia pura
elemento
compuesto

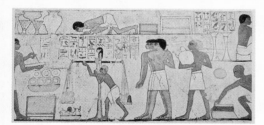

SECCIÓN 2 Medir la materia

Ideas clave

◆ Peso y masa son medidas de cuánta materia contiene un objeto. Si sacas de la Tierra un objeto, su peso cambia pero su masa sigue siendo la misma.

◆ La densidad de un objeto es igual a su masa dividida entre su volumen. Una unidad de densidad es siempre una unidad de masa dividida entre una unidad de volumen, como gramos por centímetro cúbico (g/cm^3).

Términos clave

peso
masa
Sistema Internacional de Unidades (SI)

volumen
densidad

SECCIÓN 3 Partículas de materia

Ideas clave

◆ Los átomos son partículas muy pequeñas a partir de las cuales se forman todos los elementos.

◆ Dalton estableció que los átomos de los mismos elementos son idénticos entre sí. Cada elemento está formado por su propia clase de átomos y los átomos se combinan para formar compuestos.

◆ En muchos casos, la unidad fundamental de un compuesto es una molécula. Una molécula es un grupo de átomos reunidos que actúa como una sola unidad.

Términos clave

átomo
molécula
enlace químico

SECCIÓN 4 Elementos de la Tierra

INTEGRAR LAS CIENCIAS DE LA TIERRA

Ideas clave

◆ Al aprovechar las ventajas de las propiedades características, es posible extraer elementos puros de sus formas naturales.

◆ La Tierra contiene depósitos de muchos metales distintos, generalmente en combinación con otros elementos. Los depósitos de los que puede extraerse cantidades de metal utilizable se llaman minerales.

Términos clave

mineral
electrólisis
electrodo

ACTIVIDAD

USAR LA INTERNET

www.science-explorer.phschool.com

Revisión del contenido

 Para repasar los conceptos clave, consulta el Interactive Student Tutorial CD-ROM.

Opción múltiple

Elige la letra que complete mejor cada enunciado.

1. Un ejemplo de propiedad característica es
   a. tamaño.
   b. actividad química.
   c. cantidad.
   d. forma.

2. Las mezclas "mejor mezcladas" se llaman
   a. elementos.
   b. compuestos.
   c. soluciones.
   d. químicos.

3. A diferencia de los cambios físicos, los cambios químicos siempre
   a. implican fusión o ebullición.
   b. forman una sustancia nueva o sustancias nuevas.
   c. cambian el estado físico de una sustancia.
   d. se toman un tiempo relativamente largo.

4. La densidad de un objeto es igual a
   a. el producto de su longitud, anchura y altura.
   b. el volumen dividido entre la masa.
   c. el producto de la masa y el volumen.
   d. la masa dividida entre el volumen.

5. Un método usado para liberar el metal de hierro de sus minerales implica
   a. calentar el mineral y el carbono juntos.
   b. enfriar el mineral con un baño de hielo.
   c. romper el mineral en pequeños pedazos.
   d. lavar en batea.

Falso o verdadero

Si el enunciado es verdadero, escribe verdadero. Si es falso, cambia la palabra o palabras subrayadas para hacer verdadero el enunciado.

6. La temperatura a la que cambia una sustancia pura del estado sólido al estado líquido se llama punto de ebullición.

7. Si desplazas un objeto de un lugar a otro por el universo, su peso será el mismo.

8. Gramos por mililitro (g/ml) es un ejemplo de una unidad de volumen.

9. Uno de los principios de Dalton es que cada elemento está formado por su propia clase de átomos.

10. Cantidades de cobre utilizables pueden separarse mediante un proceso llamado electrólisis.

Revisar los conceptos

11. Cuando una hoja de papel es cortada en dos, ¿sufre un cambio químico o un cambio físico? Explícalo.

12. ¿Cómo encontrarías el volumen de una pequeña roca, si sólo usaras una probeta graduada y agua?

13. ¿Por qué la densidad es considerada una propiedad característica de una sustancia pero la masa y al volumen no?

14. ¿Cómo se relacionan átomos y moléculas en una muestra de compuesto?

15. **Escribir para aprender** En una novela o cuento, el autor describe las propiedades de los objetos sobre los que escribe. Estos detalles suman interés a la historia. Elige al menos seis clases distintas de objetos. Podrías incluir objetos naturales, además de los hecho por el hombre. Identifica cada objeto por sus propiedades generales y características. Luego usa las descripciones que desarrollaste para escribir el primer párrafo de una historia.

Razonamiento gráfico

16. **Red de conceptos** En una hoja de papel, copia la red de conceptos sobre la clasificación de la materia. Después complétala y ponle un título. (Para más información acerca de las redes de conceptos, consulta el Manual de Destrezas.)

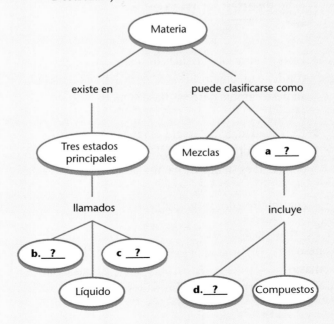

Aplicar las destrezas

Usa la tabla siguiente para responder las Preguntas 17–19. La tabla lista la masa y el volumen de seis monedas.

Moneda	Masa (g)	Volumen (cm³)
A	3.1	0.41
B	4.0	0.50
C	8.6	1.2
D	8.0	0.95
E	9.8	1.1
F	5.0	0.67

17. Calcular Con base en los datos de la tabla, calcula la densidad de las monedas A a F.

18. Interpretar datos En Altrusia, todas las monedas se hacen de una mezcla de cobre y cinc que tiene una densidad de 8.42 g/cm^3. ¿Qué monedas podrían ser de Altrusia?

19. Sacar conclusiones La densidad del cobre es de 8.92 g/cm^3 y la densidad del cinc es de 7.14 g/cm^3. ¿Qué moneda, la A o la B, posee el mayor porcentaje de cinc? ¿Cuál el mayor porcentaje de cobre? Explica.

Razonamiento crítico

20. Comparar y contrastar Compara y contrasta átomos y moléculas. ¿Qué hace que dos tipos de partículas tengan algo en común? ¿Cómo se relacionan? Da un ejemplo que muestre esta relación.

21. Clasificar ¿Cuál de los siguientes es una solución: jugo de arándano, tazón de cereal con leche, una pasta para galletas con chispas de chocolate?

22. Resolver problemas ¿Cómo puedes demostrar que una solución de agua salada es una mezcla y no un compuesto? Primero compara las propiedades de la solución con las propiedades de los componentes individuales. Luego presenta un plan para separar los componentes de la solución.

23. Aplicar los conceptos ¿Cómo puedes usar la teoría atómica de Dalton para explicar por qué cada muestra de una sustancia pura tiene las mismas propiedades?

24. Inferir El oro sólido tiene una densidad mayor que el oro líquido. ¿Qué le sucede a una masa dada de oro sólido cuando se convierte en líquido?

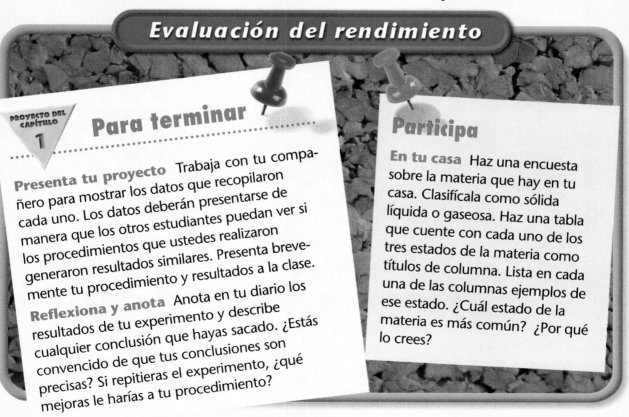

Evaluación del rendimiento

PROYECTO DEL CAPÍTULO 1

Para terminar

Presenta tu proyecto Trabaja con tu compañero para mostrar los datos que recopilaron cada uno. Los datos deberán presentarse de manera que los otros estudiantes puedan ver si los procedimientos que ustedes realizaron generaron resultados similares. Presenta brevemente tu procedimiento y resultados a la clase.

Reflexiona y anota Anota en tu diario los resultados de tu experimento y describe cualquier conclusión que hayas sacado. ¿Estás convencido de que tus conclusiones son precisas? Si repitieras el experimento, ¿qué mejoras le harías a tu procedimiento?

Participa

En tu casa Haz una encuesta sobre la materia que hay en tu casa. Clasifícala como sólida líquida o gaseosa. Haz una tabla que cuente con cada uno de los tres estados de la materia como títulos de columna. Lista en cada una de las columnas ejemplos de ese estado. ¿Cuál estado de la materia es más común? ¿Por qué lo crees?

LO QUE ENCONTRARÁS

Una historia del cambio en la materia

Este río es toda una historia de materia en constante cambio. En el invierno su superficie se congela. Ahora es primavera y el hielo empieza a fusionarse. El hielo alrededor de las piedras es el último en fundirse. El agua del río fluye hacia abajo y las plantas, y el musgo, comienzan su crecimiento primaveral.

Si pudieras ver muy de cerca el hielo, el agua, la piedra y el musgo, advertirías que toda la materia está formada por pequeñas partículas. En este capítulo aprenderás cómo el comportamiento de estas pequeñas partículas explica las propiedades de los sólidos, líquidos y gases. Tu proyecto es hacer un modelo de lo que sucede a las partículas de la materia a medida que pasan de sólidas a líquidas y luego a gaseosas.

Tu objetivo Hacer un relato humorístico o una tira cómica que demuestre cómo se comportan las partículas de la materia cuando pasan de sólidas a líquidas y a gaseosas, y en sentido inverso.

Para completar este proyecto, tendrás que:
◆ describir qué les pasa a las partículas durante cada cambio de estado
◆ hacer una secuencia de tu relato o tira cómica
◆ ilustrar tu tira cómica o producir tu relato

Para empezar Junto con un grupo de compañeros de clase, crea una lista de las propiedades de los sólidos, los líquidos y los gases.

Comprueba tu aprendizaje Trabajarás en este proyecto mientras estudias el capítulo. Para mantener tu proyecto en marcha, revisa los cuadros de Comprueba tu aprendizaje en los puntos siguientes:

Repaso de la Sección 2, página 55: Describe las partículas como sólidas, líquidas y gaseosas, y comienza a preparar una secuencia.

Repaso de la Sección 4, página 69: Termina tu tira cómica o relato.

Para terminar Al final del capítulo (página 73), presentarás tu relato humorístico o tu tira cómica a la clase.

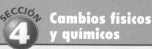

Formaciones de hielo en Bridal Veil Creek, en el río Columbia en George National Scenic Area, Oregon.

SECCIÓN 1 Sólidos, líquidos y gases

DESCUBRE

ACTIVIDAD

¿Qué son sólidos, líquidos y gases?

1. Divide una tableta efervescente en tres o cuatro partes. Colócalas en un globo grande sin inflar.

2. Pon agua en una botella de 1 litro hasta la mitad. Estira la boquilla del globo y colócala alrededor de la boca de la botella, cuidando que no se salgan del globo las partes que hay dentro.

3. Sacude el globo de manera que las partes caigan dentro de la botella. Observa lo que sucede por unos dos minutos.

4. Retira el globo y examina su contenido.

Reflexiona sobre

Formular definiciones operativas Identifica ejemplos de los distintos estados de la materia (sólido, líquido y gaseoso) que observes en esta actividad. Define cada uno de los tres estados con tus propias palabras.

GUÍA DE LECTURA

◆ ¿Qué utilidad tienen la forma, el volumen y el movimiento de las partículas en la descripción de sólidos, líquidos y gases?

Sugerencia de lectura Antes de leer, enlista las propiedades que creas que caracterizan a sólidos, líquidos y gases. Corrígela conforme leas.

Si visitas el carnaval de invierno de St. Paul, Minnesota, verás algunas estructuras poco comunes. Para celebrar el frío clima invernal, la gente esculpe estructuras gigantescas en el hielo. Con los años, el carnaval se ha caracterizado por enormes muñecos de nieve y castillos de hielo como el que se muestra aquí.

Aun en Minnesota, cualquier cosa hecha de nieve y hielo no duraría más allá del invierno. Cuando la temperatura se eleva, los muñecos de nieve y los castillos de hielo se fusionan y se vuelven agua líquida. A diferencia del agua congelada, el agua líquida es un mal material de construcción.

Tu mundo está lleno de sustancias que pueden clasificarse como sólidas, líquidas o gaseosas. El agua es, desde luego, un líquido común. Aunque sería sencillo dar ejemplos de los tres estados de la materia, definirlos, en cambio, es más difícil. Para definir sólidos, líquidos y gases, necesitas examinar sus propiedades. Como verás, los estados de la materia se definen principalmente según mantengan o no su volumen y su forma.

Figura 1 Cada año, castillos de hielo como éste deleitan a los visitantes del carnaval de invierno en St. Paul, Minnesota.

Figura 2 En los tanques que traen en la espalda estos buzos llevan aire para respirar. *Clasificar Busca un ejemplo de cada estado de la materia en esta fotografía.*

Sólidos

¿Qué pasaría si tuvieras que cargar un objeto sólido, como un bolígrafo o un peine, y desplazarlo de un lugar a otro por la habitación? ¿Qué observarías? ¿Cambiaría el objeto de tamaño o de forma a medida que lo mueves? ¿Un bolígrafo se haría más grande si la colocas en un tazón? ¿Un peine se aplanaría si lo pones en una mesa? Desde luego que no. Un **sólido** tiene un volumen y una forma definidos. Si tu bolígrafo tiene un volumen de 6 cm^3 y una forma cilíndrica, mantendrá ese volumen y esa forma en cualquier posición y en cualquier contenedor.

Partículas en un sólido Las partículas que forman un sólido están apiñadas, como se aprecia en la Figura 3A. Además, cada partícula está bien fija en una posición. Esto hace que sea difícil separarlas. **Como las partículas en un sólido están apiñadas y permanecen en posiciones fijas, un sólido tiene una forma y un volumen definidos.**

¿Están totalmente inmóviles las partículas de un sólido? En realidad, no. Las partículas vibran, esto es, se mueven de un lado a otro ligeramente. Este movimiento es similar al de una persona que trota en el mismo sitio. Puedes pensar en las partículas de un sólido como si fueran un conjunto de esferas unidas firmemente por resortes. Como las esferas de la Figura 3B, las partículas que forman un sólido permanecen casi en la misma posición. Sin embargo, las piezas individuales continúan siendo capaces de vibrar de un lado a otro en su sitio.

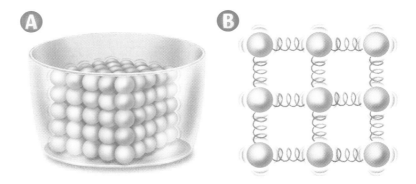

Figura 3 Las esferas azules representan las partículas de un sólido. **A.** Un sólido mantiene su propia forma y no adquiere la de un contenedor. **B.** Las partículas vibran de un lado a otro dentro del sólido.

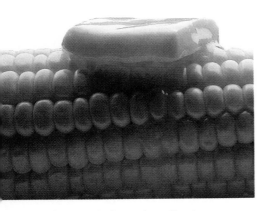

Figura 4 Cuando calientas un sólido amorfo, como esta mantequilla, se ablanda antes de fundirse.

Tipos de sólidos En muchos sólidos, las partículas forman un patrón regular y repetido. Estos patrones crean cristales. Los sólidos formados por cristales se llaman **sólidos cristalinos**. La sal, el azúcar y la nieve son ejemplos de sólidos cristalinos. Cuando se calienta un sólido cristalino como la nieve, se funde a un punto de fusión definido y característico.

En otros sólidos, las partículas no están distribuidas en un patrón regular. Estos sólidos se llaman **sólidos amorfos**. El plástico, el hule y el vidrio son sólidos amorfos. A diferencia de un sólido cristalino, un sólido amorfo no tiene un punto de fusión definido. De hecho, cuando se calienta, se vuelve cada vez más blando conforme aumenta la temperatura. Tal vez hayas observado esta propiedad en objetos de plástico que han estado al sol durante un día caluroso. Gradualmente, el plástico se funde. De hecho, la palabra *plástico* significa "capaz de moldearse en muchas formas".

☑ *Punto clave* ¿*En qué difieren los sólidos cristalinos de los amorfos?*

Líquidos

A diferencia de un sólido, un **líquido** no cuenta con una forma propia. Adquiere, la forma de su contenedor. Sin un contenedor, se derrama y crea un gran charco.

No obstante, los líquidos son como los sólidos en cuanto a que no es fácil que se compriman o se expandan. Si tratas de apretar agua entre las palmas de las manos, por ejemplo, el agua cambiará su forma pero su volumen no disminuirá o aumentará.

¿Y si tuvieras 100 ml de agua? Si la vertieras en otro contenedor, el agua seguiría ocupando 100 ml. El agua tendría el mismo volumen sin importar la forma del contenedor.

Figura 5 Aunque el volumen de un líquido no cambia, adquiere la forma del contenedor en que lo pongas. *Comparar y contrastar ¿En qué difieren las partículas de un líquido de las de un sólido?*

Figura 6 Puedes pensar en las partículas de un líquido como algo parecido a estas personas en una estación ferroviaria. Tanto el líquido como la multitud pueden fluir.

Partículas en un líquido Las partículas en un líquido están casi tan apiñadas como en un sólido. Sin embargo, en un líquido se mueven unas alrededor de otras libremente. **Como sus partículas tienen libertad de movimiento, un líquido no posee una forma definida, pero sí un volumen definido.** Puedes comparar un líquido con la multitud de una estación ferroviaria. Como las partículas en un líquido, las personas en una multitud se mueven por el local que las contiene, pero permanecen en estrecho contacto unas con otras.

Viscosidad Como las partículas de un líquido son libres de moverse alrededor unas de otras, un líquido puede fluir de un lugar a otro. Por esta razón, un líquido también se llama **fluido**, es decir, "una sustancia que fluye".

Algunos líquidos fluyen más fácilmente que otros. La resistencia de un líquido a fluir se llama **viscosidad**. Los líquidos con elevada viscosidad fluyen lentamente. La melaza fría es un ejemplo de líquido con viscosidad elevada. Los líquidos de baja viscosidad fluyen con rapidez. El agua tiene una viscosidad relativamente baja.

INTEGRAR LAS CIENCIAS DE LA TIERRA La viscosidad de la lava ayuda a determinar el tipo de erupción volcánica. Un volcán hace erupción tranquilamente si tiene lava delgada y líquida (lava con baja viscosidad). La lava con elevada viscosidad, gruesa y pegajosa, es propia de una erupción volcánica violenta.

Gases

A diferencia de los sólidos y los líquidos, un **gas** puede cambiar de volumen con facilidad. Si pones gas en un contenedor con tapa, el gas se expandirá o comprimirá para llenarlo. El volumen y la forma de un gas es el volumen y la forma de su contenedor. Para ilustrar este principio, respira profundamente. Tu pecho se expande. ¿Puedes sentir el aire que llega por

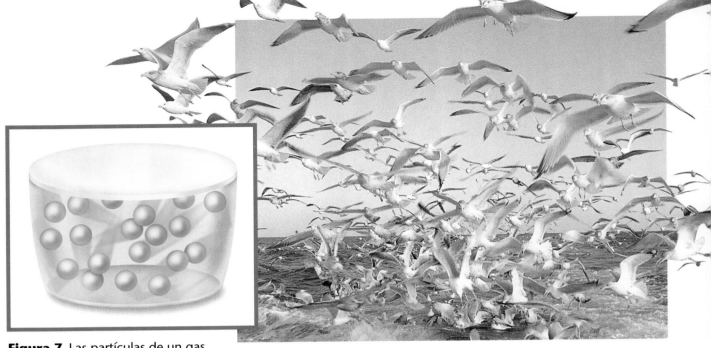

Figura 7 Las partículas de un gas pueden meterse en un volumen pequeño. Si las sueltas, se expandirán sin límite, algo parecido a esta bandada de gaviotas.

tu nariz y boca? Cuando aspiras, el aire se desplaza de tu boca, por la tráquea, a tus pulmones. En cada sitio, el aire cambia de forma y de volumen. Cuando exhalas, los cambios se dan en sentido contrario. Si colocas la mano frente a tu boca, sentirás el movimiento del aire cuando exhalas.

Si pudieras apreciar las partículas que forman un gas, las verías a gran velocidad en todas direcciones. **Las partículas de gas se expanden y ocupan todo el espacio disponible. Por ello, un gas no tiene ni forma ni volumen definidos.** Puedes comparar el gas con la bandada de gaviotas de la Figura 7. Como las partículas de gas, estas gaviotas vuelan con gran rapidez en distintas direcciones. Pueden "expandirse para ocupar" cualquier espacio disponible o pueden apiñarse.

Repaso de la sección 1

1. Describe cómo se distribuyen las partículas en un sólido.
2. ¿Cómo ayuda el movimiento de las partículas de un líquido a explicar la forma y el volumen de los líquidos?
3. Usa lo que sabes sobre partículas de un gas para explicar por qué un gas no tiene forma ni volumen definidos.
4. **Razonamiento crítico Relacionar causa y efecto** El vidrio es un sólido amorfo. ¿Cómo puedes usar esta información para explicar por qué un soplador de vidrio puede curvar y dar forma a una pieza de vidrio caliente?

Las ciencias en casa

Explica a tu familia en qué difieren líquidos y gases. Llena una pistola de agua. Trata de llenarla tanto como puedas. Tapa la punta con el dedo y sosténla sobre el fregadero. Haz que algún familiar apriete el cargador de agua. Luego, vacía la pistola de agua. De nuevo, tapa la punta con tu dedo y haz que algún familiar apriete el cargador de agua. ¿Tu familiar observó alguna diferencia? Usa lo que sabes acerca de las partículas de los líquidos y los gases para que expliques tus observaciones.

SECCIÓN 2 Comportamiento de los gases

DESCUBRE · ACTIVIDAD

¿Cómo puede impedir el aire que la tiza se quiebre?

1. Parado sobre una silla, deja caer al suelo una pieza de tiza. Observa lo que le sucede.

2. Recubre una segunda tiza con papel encerado o métela en una bolsa de plástico para alimento. Suéltala desde la misma altura que en el Paso 1. Observa el resultado.

3. Pon una tercera tiza en un envoltorio de burbujas de plástico. Déjala caer desde la misma altura que en el Paso 1. Observa el resultado.

Reflexiona sobre

Inferir Compara los resultados de los Pasos 1, 2 y 3. ¿Qué propiedades del aire en el envoltorio de burbujas de plástico explican el resultado del Paso 3?

Cada Día de Acción de Gracias los habitantes de Nueva York se congregan para ver un gran desfile. Tal vez hayas visto este desfile por televisión o hasta en persona. El desfile es famoso por sus grandes globos, como el que se ve en esta página. Los globos flotan porque están llenos de helio, un gas menos denso que el aire.

Si estuvieras encargado de hacer un globo para el desfile, tendrías que enfrentarte a muchas preguntas diferentes. ¿Qué tan grande sería? ¿Cuánto helio pondrías en el globo? ¿Los globos se comportan de manera distinta con clima cálido que en frío? Para responder este tipo de preguntas necesitas entender las propiedades de los gases.

GUÍA DE LECTURA

◆ ¿Cómo se relacionan el volumen, la temperatura y la presión de un gas?

Sugerencia de lectura Antes de leer, reescribe cada título como pregunta. Redacta una respuesta breve a cada pregunta a medida que leas.

Figura 8 Un globo de helio de Clifford, el gran perro rojo, flota por Central Park en la ciudad de Nueva York.

Figura 9 El gas de helio en este tanque se almacena a presión alta en el volumen del cilindro por medio de gruesas paredes de acero. *Predecir ¿Qué le pasará a los átomos de helio cuando el contenido del tanque se use para llenar globos?*

Medición de gases

¿Cuánto helio hay en el tanque de la Figura 9? Tal vez pienses que medir el volumen del tanque podría darte la respuesta. Pero los gases se comprimen o se expanden. Para llenar el tanque, el helio fue comprimido, apretado estrechamente. Cuando el helio es liberado de la presión alta del tanque, infla u ocupa un volumen de globos total, mucho más grande que el volumen del tanque. Sin embargo, el volumen real depende de la temperatura y la presión barométrica del día. Entonces, ¿qué significan exactamente las mediciones de volumen, presión y temperatura?

Volumen Conoces la definición de volumen: la cantidad de espacio que ocupa la materia. El volumen se mide en centímetros cúbicos, milímetros y otras unidades. Como los gases ocupan el espacio disponible, el volumen de un gas es el mismo que el volumen de su contenedor.

Temperatura La sopa caliente, las manos cálidas y la brisa fría son ejemplos con los que estás familiarizado y tienen que ver con la materia a diferentes temperaturas. Pero, ¿qué mide la temperatura? Recuerda que en toda sustancia (sólida, líquida o gaseosa) las partículas están en movimiento constante. La **temperatura** es la medida de la energía promedio del movimiento de partículas de una sustancia. Mientras más rápido se muevan las partículas, mayor será su energía y más alta su temperatura. Piensa en un termómetro como un velocímetro de moléculas.

Aun a temperaturas comunes, la velocidad promedio de partículas de un gas es muy rápida. A 20°C, casi la temperatura ambiente, las partículas en un gas común viajan a 500 metros por segundo.

Presión Como las partículas siempre están en movimiento, seguido chocan entre sí. También chocan con las paredes de su contenedor. Como resultado, el gas ejerce un empuje hacia fuera de las paredes. La **presión** del gas es la fuerza de su empuje hacia fuera dividida entre el área de las paredes del contenedor. La presión se mide en unidades de kilopascales (kPa).

INTEGRAR LA FÍSICA

$$Presión = \frac{Fuerza}{Área}$$

La firmeza de un objeto inflado con algún gas, como un balón de sóccer, proviene de la presión del gas. Si el gas (en este caso, aire) sale del balón, la presión disminuye y el balón se vuelve blando. Pero ¿por qué se desinfla un balón cuando se pincha? El gas fluye de un área de presión alta a una de presión baja . El aire dentro del balón está a una presión más alta que el aire del exterior. Las partículas de gas dentro del balón golpean el agujero con gran fuerza y salen disparadas. Las partículas de gas del exterior también golpean el agujero, pero como éstas son menos que las del interior, tienen menos oportunidad de entrar por el agujero. Por lo tanto, son mucho más las partículas que salen que las que entran. La presión dentro desciende hasta que iguala la presión del exterior.

☑ *Punto clave* ¿*Cuáles son las tres propiedades de un gas que puedes medir?*

Figura 10 Las partículas de gas están en constante movimiento, chocando una con otra y con las paredes del contenedor.

Relación entre presión y volumen

La presión también se relaciona con el volumen de un contenedor. Por ejemplo, imagina que utilizas una bomba para bicicletas. Si presionas hacia abajo el émbolo, obligas al gas en el interior de la bomba a que pase por la manguera de hule, salga por la válvula y entre al neumático. ¿Qué pasaría si presionaras el émbolo hasta la mitad del recorrido y cerraras la válvula? A medida que sigas presionando, el volumen del aire atrapado dentro de la bomba disminuirá y la presión aumentará.

Figura 11 ¿Qué pasará cuando la ciclista utilice la bomba que está conectando? Disminuirá el volumen de aire en el émbolo y aumentará su presión. Como resultado, el aire será forzado a entrar en el neumático de la bicicleta y ésta se inflará.

Figura 12 A medida que se agregan pesas en la parte superior, el mismo número de partículas ocupa un menor volumen. La presión del gas aumenta. Esta relación se llama ley de Boyle.

La presión y el volumen de un gas se comportan de manera predecible. La relación entre la presión y el volumen de un gas a una temperatura constante se llama **ley de Boyle**, en honor del científico inglés Robert Boyle. En el siglo XVII, Boyle midió los volúmenes de gases a distintas presiones a medida que experimentaba formas de perfeccionar bombas de aire. **De acuerdo con la ley de Boyle, cuando la presión de un gas aumenta, su volumen disminuye. Pero cuando la presión de un gas disminuye, su volumen aumenta.** Del mismo modo, cuando el volumen de un gas cambia, su presión cambia en sentido inverso.

Puedes observar la ley de Boyle con un experimento sencillo. Comprime un objeto lleno de aire, digamos, una pelota. Cuando comprimes la pelota, disminuyes su volumen ligeramente. Podrías sentir la presión creciente del gas que hay dentro.

INTEGRAR LAS CIENCIAS DE LA TIERRA La ley de Boyle desempeña una función importante en la investigación realizada con globos de gran altitud. Están hechos con plástico ligero y llenos con sólo una pequeña fracción del helio que podrían contener. ¿Por qué? Conforme un globo se eleva en la atmósfera, la presión del aire alrededor disminuye constantemente. Conforme la presión del aire disminuye, el helio dentro del globo se expande y estira el globo a un volumen cada vez mayor. Si el globo se llenara totalmente en tierra, reventaría por el cambio de la presión del aire antes que pudiera elevarse muy alto.

☑ *Punto clave* ¿Qué establece la ley de Boyle?

Relación entre presión y temperatura

Si dejas caer unos cuantos granos de arena en tu piel, no te lastimarían. Pero supón que estás en una tormenta de arena. Como los granos de arena vuelan a gran velocidad, ¡en verdad te lastimarían! Cuanto más rápido viajen los granos de arena, más fuerte golpearán tu piel.

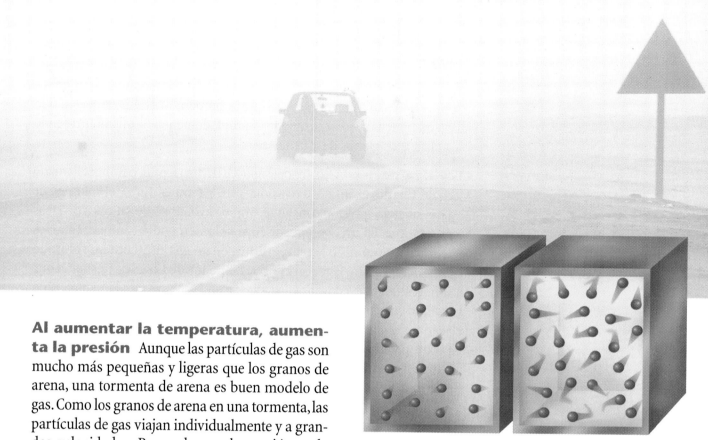

Al aumentar la temperatura, aumenta la presión Aunque las partículas de gas son mucho más pequeñas y ligeras que los granos de arena, una tormenta de arena es buen modelo de gas. Como los granos de arena en una tormenta, las partículas de gas viajan individualmente y a grandes velocidades. Recuerda que la presión es la medida de la cantidad de partículas que empujan contra las paredes del contenedor. Cuanto mayor sea la velocidad de las partículas de gas, más choques habrá. Cuantos más choques haya, mayor será la presión.

Figura 13 Las partículas de gas son como la arena que arrastra el viento en esta tormenta de arena. Cuando un gas se calienta, las partículas se mueven más rápido y chocan una con otra y con las paredes del contenedor. *Relacionar causa y efecto ¿Qué envase muestra un gas a más elevada temperatura? ¿Cómo lo sabes?*

La temperatura es la medida de la velocidad de las partículas de un gas. Cuanto más elevada sea la temperatura de un gas, más rápido se moverán las partículas de gas. Ahora ya tienes una relación entre temperatura y presión. **Cuando aumenta la temperatura de un gas, aumenta su presión. Cuando disminuye la temperatura de un gas, disminuye su presión.** Esta relación se aplica a un gas que no puede cambiar su volumen, como un gas dentro de un contenedor cerrado y rígido.

Presión y temperatura en acción ¿Has visto alguna vez un camión de 18 neumáticos? Como los neumáticos tienen que soportar una gran cantidad de peso, son grandes, pesados y duros. El volumen interior de estos neumáticos no varía mucho.

En viajes largos, en verano especialmente, los neumáticos de un camión pueden calentarse mucho. A medida que aumenta la temperatura, lo mismo pasa con la presión del aire de los neumáticos. Si la presión se incrementa más de lo que el neumático puede soportar, éste puede reventarse. Por esta razón, los choferes necesitan supervisar y ajustar la presión de los neumáticos en recorridos largos.

Relacionar volumen y temperatura

Si la temperatura de un globo aumenta, su volumen cambiará. ¿El volumen aumentará o disminuirá? Si respondiste "aumentará", estás en lo cierto. La mayoría de las sustancias aumentan en tamaño cuando su temperatura se incrementa. Cuando su temperatura disminuye, se hacen más pequeñas. La gente encargada de los grandes globos usados en los desfiles necesita conocer el efecto que la temperatura tiene en el volumen para que puedan inflar los globos apropiadamente. El mismo principio se aplica a los globos de una fiesta.

Ley de Charles A finales del siglo XVIII, un científico francés llamado Jacques Charles examinó la relación entre la temperatura y el volumen de un gas sujetos a presión constante. Midió el volumen de un gas a diversas temperaturas en un contenedor cuyo volumen podía cambiar. **Charles encontró que cuando la temperatura de un gas aumenta, su volumen también aumenta.** Este principio se llamó **ley de Charles**. Recuerda que a temperaturas elevadas, las partículas se mueven más rápidamente. Como resultado chocan más a menudo con las paredes del contenedor. Mientras el volumen del contenedor pueda cambiar, el empuje total de los choques da por resultado que el gas ocupe más espacio. El volumen del gas aumenta. De manera similar, si la temperatura de un gas disminuye, el volumen también disminuye.

La ley de Charles en acción Imagina un juego de baloncesto con una jugadora que bota el balón contra el piso del gimnasio. Cada vez que bota el balón, éste responde con un bote vivo. Luego, cuando el juego ha terminado, ella se lleva el balón a casa y lo deja afuera de la puerta principal. En la noche, la temperatura desciende a −4°C.

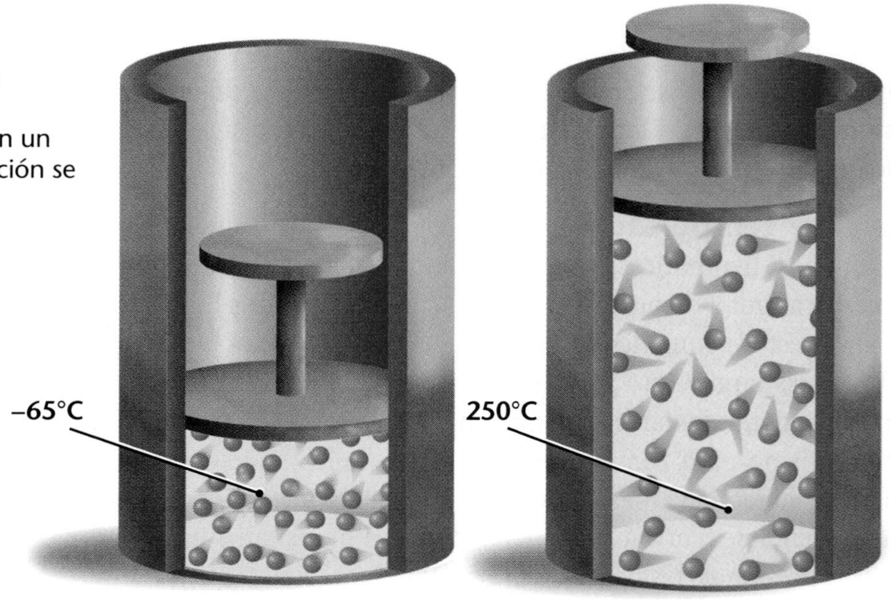

Figura 14 Si aumenta la temperatura, las mismas partículas de gas ocuparán un mayor volumen. Esta relación se llama ley de Charles.

−65°C   250°C

Figura 15 El gimnasio donde se realiza este juego de baloncesto está a 26°C. Afuera la temperatura es de −4°C. *Predecir ¿Cómo podría cambiar el balón de baloncesto si se dejara afuera en el patio?*

A la mañana siguiente, la jugadora recoge el balón y decide tirar unas canastas en el patio de su casa. De nuevo, comienza a botar el balón pero cuando éste golpea en el suelo, ¡puf!, se queda ahí. ¿Por qué se desinfló luego del juego de la noche anterior? El balón fue inflado con aire y el aire no escapó del balón. Puedes usar la ley de Charles para explicarlo. El balón perdió su rebote porque el volumen del aire que contiene disminuyó, enfriado por el aire frío de invierno del exterior. La misma cantidad de gas ocupa un volumen más pequeño a baja temperatura. ¿Puede recuperar su rebote el balón? Sí, el balón volverá a su volumen completo en la calidez del gimnasio de la escuela.

Repaso de la sección 2

1. Describe la relación entre la presión y el volumen de un gas.

2. Si cambias la temperatura de un gas pero conservas el volumen, ¿cómo cambia la presión?

3. ¿Qué es la ley de Charles?

4. **Razonamiento crítico** **Aplicar los conceptos** Supón que es la víspera del Día de Acción de Gracias y tú estás a cargo de inflar un globo para el desfile de la festividad. Acabas de enterarte que la temperatura será de 15°C para cuando empiece el desfile. ¿Qué cambios debes hacer en la manera de inflar el globo?

Comprueba tu aprendizaje

PROYECTO DEL CAPÍTULO 2

Con tus compañeros, describe cómo se comportan las partículas en cada uno de los tres estados de la materia. Luego, piensa en diferentes maneras de representar cada estado con ayuda de dibujos y palabras. Decide si quieres demostrar un cambio de estado con imágenes de tiras cómicas o interpretar el movimiento de partículas en un relato humorístico. (*Sugerencia:* Prepara una secuencia de la historia. Esto es, una serie de dibujos sencillos y leyendas que resumen las acciones de una historia.)

SECCIÓN 3 Gráficas del gas

DESCUBRE · ACTIVIDAD

¿Qué muestra una gráfica de presión y temperatura?

Temperatura (°C)	Presión (kPa)
0	8
5	11
10	14
15	17
20	20
25	23

1. En un experimento, se varió la temperatura de un volumen constante de gas. La presión del gas se midió luego de cada cambio de 5°C. Ahora haz una gráfica de los datos en esta tabla.

2. Muestra la temperatura sobre el eje horizontal con una escala de 0°C a 25°C. Muestra la presión en el eje vertical con una escala igualmente espaciada de 0 kPa a 25 kPa.

3. Para cada par de mediciones, dibuja un punto en la gráfica.

4. Traza una línea que una los puntos.

Reflexiona sobre

Hacer gráficas Usa la gráfica para describir la relación entre la presión y la temperatura de un gas.

GUÍA DE LECTURA

◆ ¿A qué se parecen las gráficas de la ley de Charles y de la ley de Boyle?

Sugerencia de lectura A medida que leas acerca de los experimentos de esta sección, remítete a las gráficas de las Figuras 19 y 21.

La población de una ciudad está aumentando. Las escuelas se han llenado de estudiantes, y los habitantes necesitan decidir si construirán más escuelas. Los periódicos ilustran sus artículos acerca del problema con gráficas.

¿Cómo ayuda una gráfica a contar esta historia? Las **gráficas** son diagramas que indican la forma en que se relacionan dos variables. Las gráficas muestran cómo los cambios en una variable provocan cambios en una segunda variable. Puedes apoyarte en las gráficas para hacer predicciones. Por ejemplo, según la gráfica de la Figura 16, la ciudad tendría 32,000 habitantes en el año 2020. Esto supone que la población seguirá creciendo al mismo ritmo. En esta sección, aprenderás a interpretar las gráficas que relacionan propiedades de los gases.

Figura 16 Esta gráfica muestra que la población en la ciudad crece de una manera constante. La línea punteada predice lo que será la población si continúa este ritmo de crecimiento.

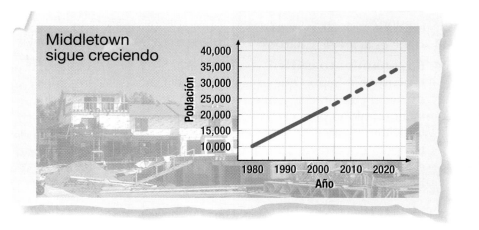

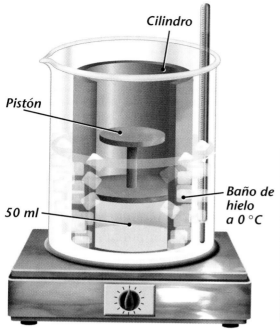

Cilindro

Pistón

50 ml

Baño de hielo a 0 °C

Temperatura		Volumen
(°C)	(K)	(ml)
0	273	50
10	283	52
20	293	54
30	303	56
40	313	58
50	323	60
60	333	62
70	343	63
80	353	66
90	363	67
100	373	69

Figura 17 A medida que la temperatura del baño de agua aumenta, el gas dentro del cilindro se calienta por el agua. Los datos del experimento se muestran en la tabla. Las mediciones en grados Celsius se convierten a kelvin sumando 273 a cada valor.

Temperatura y volumen

Recuerda de la Sección 2 que la ley de Charles relaciona la temperatura y el volumen de un gas sometido a una presión constante. Puedes examinar esta relación con un experimento donde cambies la temperatura de un gas y midas su volumen. Luego, puedes hacer una gráfica con los datos que hayas anotado y buscar una relación.

Recopilar datos Como puedes ver en la Figura 17, el gas en el experimento está en un cilindro que posee un pistón móvil. Éste se mueve arriba y abajo libremente, lo que permite al gas cambiar de volumen y mantener la misma presión. Para controlar la temperatura del gas, el cilindro se colocó en baño de agua.

El experimento empieza con hielo en el baño de agua. El termómetro marca 0°C y el volumen del gas es de 50 ml. Luego, el baño de agua se calienta poco a poco. Gradualmente, la temperatura aumenta de 0°C a 100°C. Cada vez que la temperatura aumenta 10°C, se anota en la tabla el volumen del gas en el cilindro.

Encontrarás en la tabla los registros de una segunda serie de temperaturas. A menudo los científicos trabajan con temperaturas de gases en unidades llamadas kelvin. Entonces, para convertir de grados Celsius a kelvin debes agregar 273. Las temperaturas kelvin se usarán para graficar los datos.

Hacer gráficas con los resultados Una gráfica consta de una cuadrícula compuesta por dos líneas: una horizontal y la otra vertical. Cada línea, o eje, se divide en unidades iguales. El eje horizontal, o eje x, muestra la variable manipulada. El eje vertical, o eje y, muestra la variable

Figura 18 El eje horizontal o x y el eje vertical o y son la "columna vertebral" de una gráfica.

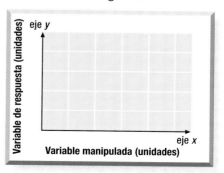

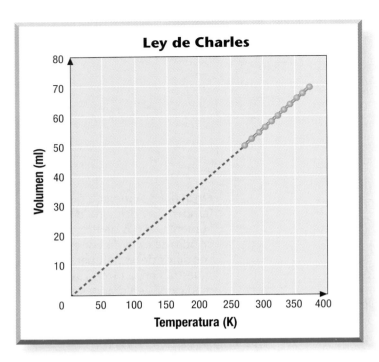

Ley de Charles

Figura 19 Esta gráfica de los datos de la Figura 17 muestra la relación entre temperatura y volumen, conocida como ley de Charles. La línea punteada predice cómo sería la gráfica si el gas se enfriara a temperaturas más bajas.

de respuesta. Cada eje se rotula con el rango de unidades propias para cada variable. En este caso, los kelvin están sobre el eje *x* y los mililitros en el eje *y*.

Mira la gráfica de la Figura 19. Parece como si la línea pudiera continuar más abajo si hubiera anotados datos de temperaturas más bajas. Como una línea que pasa por el punto (0,0). Cuando una gráfica de dos variables es una línea recta que pasa por el punto (0,0) se dice que las variables son **directamente proporcionales** entre sí. **La gráfica de la Ley de Charles muestra que el volumen de un gas es directamente proporcional a su temperatura kelvin, bajo una presión constante.**

☑ *Punto clave* ¿*Sobre qué eje de una gráfica muestras la variable de respuesta?*

Presión y volumen

Puedes realizar otro experimento para demostrar cómo se relacionan la presión y el volumen cuando se mantiene constante la temperatura. Recuerda que la relación entre presión y volumen se llama ley de Boyle.

Recopilar datos En este experimento el gas también está dentro de un cilindro con pistón móvil. Sin embargo, ahora hay un baumanómetro que indica la presión del gas en el interior.

Figura 20 Al presionar en la cabeza del pistón, comprimes el gas y, por lo tanto, aumenta la presión del gas dentro del cilindro. Los datos del experimento están en la tabla. *Predecir ¿Qué pasaría si tiras del pistón hacia arriba?*

Volumen (ml)	Presión (kPa)
100	60
90	67
80	75
70	86
60	100

 INTEGRAR LA FÍSICA Para explicar los cambios en la materia, los científicos hablan de los efectos de la energía. No es fácil definir la "energía". Puedes dar ejemplos: la luz y el movimiento son dos tipos de energía. Cada sustancia también contiene energía que proviene del movimiento de sus partículas, llamada **energía térmica**. Mientras más elevada sea la temperatura de una sustancia, mayor será su energía térmica. Otra forma de energía proviene de los enlaces químicos en la materia. Esta forma de energía se llama **energía química**.

Cualquier sustancia puede ganar o ceder energía. En cualquier caso, la sustancia cambia de cierta manera. **La materia cambia siempre que gana o cede energía.** Cuando algo se calienta, gana energía térmica. Cuando algo se enfría, cede energía térmica a su entorno. Muchos cambios físicos y químicos implican calor o frío. Para que los panqueques se doren en una plancha, los cambios químicos requieren calor. Cuando una mezcla de leche, crema, azúcar y saborizantes se vuelvan helado, el cambio físico requiere frío.

En todo cambio físico y químico la cantidad total de energía permanece igual, según un principio llamado **ley de la conservación de la energía**. La palabra *conservación* proviene de *conservar*, que significa "proteger de una pérdida". La energía puede cambiar de una forma a otra, pero la energía nunca se pierde.

Por ejemplo, un fósforo sin encender contiene energía química. Cuando se enciende, la energía química se convierte en energía luminosa y energía térmica. La cantidad total de energía producida es igual a la cantidad de energía química en el fósforo sin encender. No se pierde nada de energía. Sólo cambia de una forma a otra.

☑ *Punto clave* ¿Qué es la energía química?

Figura 22 El joyero funde plata antes de verterla en un molde. La barra reluciente emite un brillo verdoso. *Clasificar* ¿Cuál de estos ejemplos se parece más a un cambio físico? ¿Cuál ejemplo puede ser un cambio químico?

Cambios entre líquidos y sólidos

Recuerda que los estados comunes de la materia son sólido, líquido y gaseoso. **En ciertas condiciones, una sustancia puede cambiar de cualquier estado de la materia a cualquier otro.**

Fusión El cambio de estado de sólido a líquido es la **fusión**. En la mayoría de las sustancias la fusión tiene lugar a una temperatura específica, llamada punto de fusión. El punto de fusión de una sustancia depende de qué tan fuertemente se atraigan sus partículas.

Piensa en un cubo de hielo que se fusiona. La energía para fusionarse proviene del aire en la habitación. En primer lugar, la energía térmica hace que las moléculas de agua vibren más rápido, lo que eleva su temperatura.

Finalmente, cuando la temperatura del hielo alcanza los 0°C, las moléculas del agua han vibrado tan velozmente que se liberan de su posición en los cristales de hielo. Cuando sucede esto la temperatura del hielo deja de aumentar. En vez de esto, la energía agregada cambia la disposición de moléculas de agua de cristales de hielo a agua líquida. Este es el proceso que puedes observar como fusión.

Congelación Ahora supón que pones en el congelador el agua líquida del cubo de hielo derretido. Después de una hora más o menos, el agua se congelará de nuevo, convirtiéndose en hielo. La **congelación** es el cambio de estado de líquido a sólido, justo lo contrario de la fusión.

Cuando pones agua líquida en el congelador de un refrigerador, el agua cede energía al aire frío que hay dentro del congelador. Primero, las moléculas de agua se mueven más lentamente. Esto significa que la temperatura del agua baja. Cuando la temperatura alcanza los 0°C las moléculas se mueven tan lentamente que forman patrones regulares. Estos patrones son los cristales que forman el hielo.

Cuando el agua se congela la temperatura permanece en 0°C hasta que se complete la congelación. (Ésta es la misma temperatura a la que el hielo se fusiona.) Al ir cediendo energía durante la congelación cambia la distribución de las moléculas, de agua líquida a cristales de hielo.

Figura 23 En esta fotografía, tomada en Nueva Inglaterra cerca de 1890, puedes apreciar que el hielo de la laguna se ha cortado en grandes bloques, listos para almacenarse en la casa de hielo.

Cambios entre líquido y gas

Para más ejemplos de cambio de estado de la materia, mira al cielo. ¿Te has preguntado alguna vez cómo se forman las nubes, o por qué la lluvia cae de ellas? Y luego de un chubasco, ¿por qué los charcos se secan con la luz del sol? Para responder estas preguntas necesitas averiguar las formas como el agua cambia de estado líquido a gaseoso.

Vaporización El cambio de agua líquida a vapor de agua es un ejemplo de **vaporización**. La vaporización ocurre cuando un líquido gana la energía suficiente para convertirse en gas.

Hay dos tipos principales de vaporización. Cuando la vaporización tiene lugar sólo en la superficie del líquido se llama **evaporación**. Un charco que se seca luego de la lluvia es un ejemplo de evaporación. A medida que el agua en el charco gana energía de la tierra, el aire o el sol, las moléculas de la superficie del charco escapan gradualmente a la atmósfera. También puedes ver la evaporación siempre que sudas. Las gotas de sudor se evaporan en el aire a medida que ganan energía de tu piel. Como tu piel cede energía, el sudor te mantiene fresco en un día cálido o cuando te ejercitas.

Cuando la vaporización tiene lugar al interior del líquido además de la superficie, se llama **ebullición**. Cada líquido hierve sólo a cierta temperatura. Esta temperatura se llama punto de ebullición. Como el punto de fusión de un sólido, el punto de ebullición de un líquido depende de qué tan fuerte sea la atracción entre las partículas.

Punto de ebullición y presión barométrica El punto de
![INTEGRAR LAS CIENCIAS DE LA TIERRA] ebullición depende también de la presión barométrica por encima de un líquido. Mientras menor sea la presión por encima del líquido, menos energía necesitan esas moléculas líquidas para escapar por el aire. Conforme te elevas la presión barométrica disminuye. Con la presión barométrica de lugares cercanos al nivel del mar, el punto de ebullición del agua es de 100°C. En las montañas, sin embargo, la presión barométrica es más baja, lo mismo que el punto de ebullición del agua.

Figura 24 El agua se evapora de la superficie del camino húmedo. *Hacer generalizaciones ¿Qué le sucede a las moléculas del agua cuando se evaporan?*

Figura 25 Una olla con agua en la estufa hierve cuando el agua alcanza su punto de ebullición.

Figura 26 El vapor de agua en tu aliento caliente se condensa en la superficie fría del espejo. *Clasificar ¿Qué estado de la materia es la condensación en el vidrio?*

Por ejemplo, la ciudad de Denver, Colorado, está a 1,600 metros sobre el nivel del mar. A esta altitud, el punto de ebullición del agua es de 95°C. Los cocineros en Denver deben tener cuidado cuando una receta pide agua hirviendo. Los alimentos no se cuecen tan rápidamente a 95°C como a 100°C.

Condensación Lo contrario de la vaporización se llama condensación. La **condensación** ocurre cuando un gas cede la suficiente energía térmica que se vuelve un líquido. Las nubes por lo común se forman cuando el vapor de agua en la atmósfera se condensa en gotitas líquidas. Cuando los gotitas se vuelven lo suficientemente pesadas caen a la tierra a manera de lluvia.

Puedes observa la condensación al exhalar ante un espejo. Cuando el vapor de agua cálido en tu aliento llega a la superficie fría del espejo, el vapor de agua se condensa en forma de gotitas líquidas. Luego, éstas se evaporan en forma de vapor de agua de nuevo.

Cuando observes la vaporización y la condensación, recuerda que no puedes ver el vapor de agua, pues es un gas transparente, imposible ver. El vapor que ves salir de una tetera no es vapor de agua ni nubes ni niebla. Lo que ves son diminutas gotas de agua líquida suspendidas en el aire.

☑ *Punto clave ¿Cuáles son las semejanzas y diferencias entre la evaporación y la condensación?*

Cambios entre sólido y gas

Si vives en un lugar donde los inviernos son fríos, tal vez hayas observado que la nieve da la impresión de desaparecer aun si la temperatura permanece bajo cero. Esto sucede por un proceso llamado sublimación. La **sublimación** se da cuando las partículas de la superficie de un sólido ganan la energía suficiente para convertirse en gas. Las partículas no pasan a través del estado líquido.

Figura 27 El hielo seco es dióxido de carbono sólido. Cambia directamente a dióxido de carbono gaseoso por el proceso de sublimación. La energía absorbida en este cambio de estado enfría el vapor de agua en el aire, lo que genera una niebla.

Un ejemplo de sublimación es el cambio que sufre el hielo seco. El hielo seco es el nombre popular del dióxido del carbono sólido. A presiones comunes, el dióxido de carbono no puede existir como líquido. En vez de pasa por la fusión, el dióxido de carbono sólido cambia de manera directa a gas. El hielo seco toma energía térmica a medida la que cambia de estado, lo que mantiene fríos y secos los materiales cercanos. Por esta razón, el hielo seco es una forma excelente de mantener temperaturas bajas cuando un refrigerador no está disponible. Cuando el hielo seco se vuelve gas, enfría el vapor de agua en el aire cercano. Como resultado, forma la niebla.

EXPLORAR *los cambios de estado*

¿Qué cambios suceden conforme vas calentando un vaso de precipitados de hielo de −10°C a 110°C?

A Sólido
Por debajo de los 0°C, el agua está en su estado sólido: el hielo. Si bien las moléculas del agua en los cristales de hielo están en posiciones fijas, vibran. A medida que las moléculas se calientan, vibran más rápido y la temperatura se eleva.

B Fusión
Cuando se agrega más energía al hielo a 0°C las moléculas vencen las fuerzas que las mantienen en los cristales de hielo. El hielo se derrite o se convierte en agua líquida. A medida que el hielo se derrite las moléculas se redistribuyen, pero no se mueven más rápido. Así, la temperatura del hielo permanece en 0°C.

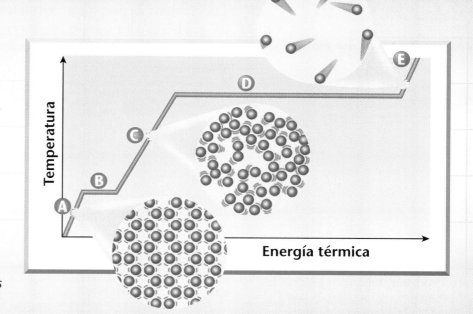

C Líquido
El agua debe estar líquida antes que su temperatura pueda elevarse sobre 0°C. Conforme el agua líquida se calienta, las moléculas se mueven más rápido y la temperatura se eleva de nuevo.

D Vaporización
Cuando se agrega más energía al agua líquida a 100°C, las moléculas escapan del estado líquido y se vuelven gas. Este proceso se llama ebullición. Cuando el agua hierve, las moléculas vencen las fuerzas que las mantienen juntas como líquido, pero no se mueven más rápido. Así, la temperatura permanece en 100°C.

E Gas
El agua puede estar en su estado gaseoso (llamado vapor de agua) antes que su temperatura pueda elevarse arriba de los 100°C. A medida que se calienta el vapor de agua, las moléculas se mueven más rápido y la temperatura se eleva de nuevo.

Figura 28 La materia que forma la planta del girasol ya desarrollada (derecha) es resultado de una serie de reacciones químicas que comienzan cuando su semilla brota (abajo).

Cambios químicos

Los cambios de estado son ejemplos de cambio físico. Para hallar un ejemplo de cambio químico puedes ver algo tan simple como el brote de una semilla de girasol y la transformación en la gran flor de girasol de la Figura 28.

La semilla de girasol es casi del tamaño de la uña de un dedo. Pero si las condiciones son las adecuadas se convertirá en una planta más alta que tú. En su momento las flores del girasol producirán semillas.

Reacciones químicas A medida que una planta crece, pasa por una serie de reacciones químicas complejas. El término **reacción química** es un sinónimo de cambio químico.

En algunas reacciones químicas, una sustancia se descompone en dos o más sustancias. En otras reacciones químicas, dos o más sustancias se combinan para formar una o más sustancias nuevas. Lo único que tienen en común todas las reacciones químicas es que se producen nuevas sustancias. Luego de un cambio físico la sustancia es la misma con que empezaste.

Energía y reacciones químicas Como todos los cambios en la materia, las reacciones químicas ocurren si las sustancias ganan o ceden energía. Todas las reacciones químicas absorben o liberan energía.

Las reacciones en el crecimiento de las plantas son ejemplos de reacciones que absorben energía. ¿Conoces la fuente de energía para que crezca una planta? La respuesta es el sol. Las plantas tienen sustancias que les permite captar energía luminosa. Esta energía la usan para formar nuevas estructuras vegetales como hojas, tallos y raíces. Las plantas convierten la energía de la luz solar en la energía química de sus compuestos.

INTÉNTALO

Una situación difícil

¿Cómo haces pegamento de leche?

1. Vierte unos 40 ml de leche descremada en una taza de plástico. Agrega 10 ml de vinagre y agítalo.

2. Pasa la mezcla por un filtro para café a otra taza.

3. Con una cuchara de plástico raspa el material sólido depositado en el filtro. Ponlo en una tercera taza.

4. Agrega una pizca de bicarbonato de sodio a la tercera taza. Agítala.

5. ¡Haz hecho pegamento natural! Prueba pegando dos hojas de papel para ver cómo funciona.

Clasificar ¿La elaboración de pegamento es un ejemplo de cambio físico o de cambio químico? Explica.

La energía que ha sido absorbida y almacenada luego puede liberarse. ¿Cuál es un ejemplo de una reacción química que libera energía? Cualquier reacción de combustión, como la madera que arde o una vela encendida, libera energía. La madera, la cera u otros combustibles se combinan con el oxígeno en el aire y producen sustancias como dióxido de carbono, agua, hollín entre otras. La energía luminosa y el calor se liberan durante este proceso. Tu cuerpo libera la energía de los alimentos que consumes de un modo más lento que en un incendio.

Controlar reacciones químicas ¿Cómo haces para que una reacción química suceda más rápida o lentamente? ¿Cómo haces para que la reacción empiece en cierto momento o termine cuando así lo decidas? No tienes que ser un científico para controlar las reacciones químicas. A veces basta con que agregues energía o la disminuyas.

Piensa en hornear un pastel. Tan pronto como mezclas los huevos con la harina en el tazón comienzan a darse reacciones que forman nuevas sustancias. Si la cocina está caliente, las reacciones en la pasta del pastel serán más rápidas. Cuando pones la pasta en un horno caliente, comienzan otras reacciones en cuanto le calor se transfiere al molde del pastel. Tú continúas controlando las reacciones químicas al sacar el pastel del horno en el momento adecuado. Si pones el pastel caliente en la mesa a temperatura ambiente, permites que se enfríe. Poner el pastel en el refrigerador lo mantiene fresco y disminuye el ritmo al que se echaría a perder.

Figura 29 Cuando mezclas masa para pasteles y horneas un pastel, controlas reacciones.
Interpretar fotografías ¿Cómo determinan estos cocineros el momento en que empiezan o terminan las reacciones?

Repaso de la sección 4

1. Compara y contrasta cambios físicos y químicos.
2. ¿Cómo los cambios en la materia se relacionan con los cambios en la energía?
3. Describe cómo cambia un sólido a líquido y cómo un líquido cambia a gas.
4. Describe las formas en que la energía puede cambiar en una reacción química.
5. **Razonamiento crítico Aplicar los conceptos** Si estuvieras atrapado en una tormenta de nieve y trataras de mantener el calor, ¿por qué debes fusionar la nieve y luego beberla en lugar de sólo comerla?

Comprueba tu aprendizaje

PROYECTO DEL CAPÍTULO 2

Usa lo que aprendiste en esta sección para modificar la secuencia de tu historia, de ser necesario. Si estás haciendo una tira cómica, dibuja la tira y escribe las leyendas. Si estás presentando un relato humorístico, escribe un guión e indicaciones de escena. Ensaya el relato humorístico con los miembros de tu grupo.

FUSIÓN DEL HIELO

En este experimento medirás la temperatura mientras exploras la fusión del hielo.

Problema

¿Cómo influye la temperatura del entorno en la tasa a la que se derrite el hielo?

Materiales

termómetro   cronómetro
2 tazas de plástico de unos 200 ml cada una
2 agitadores de preferencia de plástico
cubos de hielo de unos 2 cm de cada lado
agua caliente entre 40°C y 45°C

Procedimiento

1. Lee los Pasos 1 a 8. Predice qué cubo de hielo se fusionará más rápido.
2. Haz una tabla como la que aparece abajo.
3. Pon agua caliente en una taza hasta la mitad (entre 40°C y 45°C). Llena una segunda taza con la misma profundidad con agua a temperatura ambiente.
4. Anota la temperatura exacta del agua en cada taza.
5. Obtén dos cubos de hielo que tengan el tamaño más parecido posible.
6. Pon un cubo en cada taza. Comienza a contar el tiempo con el cronómetro. Mueve ligeramente cada taza con el agitador hasta que el hielo se haya fusionado por completo.
7. Observa ambos cubos con detalle. Cuando uno de los cubos de hielo se haya fusionado totalmente anota el tiempo y la temperatura del agua en la taza.

8. Espera a que se fusione el segundo cubo. Anota su tiempo de fusión y la temperatura del agua.

Analizar y concluir

1. ¿Tu predicción en el Paso 1 se confirmó por los resultados del experimento? Explica.
2. ¿En qué taza cambió más la temperatura del agua? Explica el resultado.
3. Cuando el hielo se fusionó sus moléculas ganaron la suficiente energía para superar las fuerzas que las mantenían unidas. ¿Cuál es la fuente de esa energía?
4. **Piensa en esto** ¿Qué tan bien cronometraste el momento en que se fusionó cada cubo de hielo? ¿De qué manera afectarían los errores de medición tus conclusiones?

Crear un experimento

Cuando un lago se congela en el invierno sólo se vuelve hielo la capa superior. Crea un experimento para que reproduzcas la fusión del hielo de un lago congelado durante la primavera. Realízalo con el permiso de tu maestro. Prepárate para compartir tus resultados con la clase.

TABLA DE DATOS

	Temperatura inicial (°C)	Tiempo de fusión (s)	Temperatura final (°C)
Taza 1			
Taza 2			

SECCIÓN 1 — Sólidos, líquidos y gases

Ideas clave

◆ Los sólidos tienen forma y volumen definidos porque las partículas de un sólido están unidas estrechamente entre sí y permanecen en posición fija.

◆ Las partículas de un líquido están en libertad de moverse alrededor unas de otras. Así, un líquido no tiene una forma definida pero sí un volumen definido.

◆ Las partículas de un gas se expanden para llenar todo el espacio disponible para ellas. Así, un gas no tiene forma ni volumen definidos.

Términos clave

sólido
sólido cristalino
sólido amorfo
líquido
fluido
viscosidad
gas

SECCIÓN 2 — Comportamiento de los gases

Ideas clave

◆ El volumen, la temperatura y la presión son tres propiedades de un gas que puedes medir.

◆ Cuando el volumen de un gas disminuye, su presión aumenta. Esta relación se explica por medio de la ley de Boyle.

◆ En un contenedor rígido, al aumentar la temperatura de un gas, aumenta su presión.

◆ En un contenedor flexible, al aumentar la temperatura de un gas, aumenta su volumen. Esta relación se explica con la ley de Charles.

Términos clave

temperatura
presión
ley de Boyle
ley de Charles

SECCIÓN 3 — Gráficas del gas

INTEGRAR LAS MATEMÁTICAS

Ideas clave

◆ Cuando se hace la gráfica de los valores para el volumen y la temperatura de un gas bajo presión constante, la gráfica muestra que el volumen y la temperatura son directamente proporcionales.

◆ Cuando se hace la gráfica de valores para el volumen y la presión de un gas, los puntos caen en una curva descendente. La gráfica muestra que la presión de un gas varía inversamente de su volumen.

Términos clave

gráfica
directamente proporcional
variación inversa

SECCIÓN 4 — Cambios físicos y químicos

Ideas clave

◆ En un cambio físico las sustancias cambian de forma, pero no sus identidades. En un cambio químico las sustancias se convierten en otras sustancias.

◆ La materia cambia siempre que se le agrega o se le sustrae energía.

◆ Los cambios de estado se dan cuando una sustancia gana o cede energía y las partículas de la sustancia se redistribuyen.

◆ Los cambios químicos también se llaman reacciones químicas. Las reacciones químicas absorben o liberan energía.

Términos clave

energía térmica
energía química
ley de la conservación
   de la energía
fusión
congelación
vaporización
evaporación
ebullición
condensación
sublimación
reacción química

USAR LA INTERNET

ACTIVIDAD

www.science-explorer.phschool.com

Revisión del contenido

 Para repasar los conceptos clave, consulta el Interactive Student Tutorial CD-ROM.

Opción múltiple

Elige la letra que complete mejor cada enunciado.

1. Una sustancia con un volumen definido, pero sin forma definida es
   a. un sólido cristalino.
   b. un líquido.
   c. un gas.
   d. un sólido amorfo.

2. A diferencia de sólidos y líquidos, un gas
   a. mantiene su volumen en varios contenedores.
   b. mantiene su forma en varios contenedores.
   c. se expande para ocupar el espacio disponible.
   d. disminuye su volumen cuando aumenta la temperatura.

3. De acuerdo con la ley de Boyle, el volumen de un gas se incrementa cuando
   a. aumenta su presión.
   b. disminuye su presión.
   c. cae su temperatura.
   d. aumenta su temperatura.

4. El eje vertical de una gráfica muestra
   a. la variable de respuesta.
   b. la variable manipulada.
   c. factores constantes.
   d. la misma variable que el eje *x*.

5. Encender un fósforo es un ejemplo de
   a. un cambio físico.
   b. un cambio de estado.
   c. un cambio en la presión del gas.
   d. un cambio químico.

Falso o verdadero

Si el enunciado es verdadero, escribe verdadero. Si es falso, cambia la palabra o palabras subrayadas para hacer verdadero el enunciado.

6. El hule y el vidrio se ablandan gradualmente en un rango amplio de temperaturas. Son ejemplos de sólidos <u>cristalinos</u>.

7. La energía del movimiento de las partículas se mide mediante la <u>temperatura</u> de una sustancia.

8. Si un gas en un contenedor rígido aumenta su temperatura, aumentará su <u>volumen</u>.

9. De acuerdo con la ley de Boyle, el volumen de un gas varía <u>directamente</u> con su presión.

10. Cuando ves vapor, niebla o nubes, ves agua en estado <u>gaseoso</u>.

Revisar los conceptos

11. Describe el movimiento de las partículas en un sólido.

12. ¿Por qué los líquidos fluyen de un lugar a otro?

13. Compara y contrasta líquidos con viscosidades elevadas y bajas.

14. ¿Cómo se relaciona la temperatura de una sustancia con la energía de movimiento de las partículas en la sustancia?

15. ¿Qué les pasa a las partículas de gas cuando se escapa el aire de una pelota?

16. Nombra cuatro ejemplos de tipos de energía.

17. ¿Qué les pasa a las partículas del agua cuando el agua se calienta de 90°C a 110°C?

18. Compara el proceso de fusión y el de congelación.

19. **Escribir para aprender** Imagina que eres Robert Boyle o Jacques Charles en la época en que describiste la ley conocida por tu nombre. Cuenta la historia de tus experimentos y resultados tal como creas que lo habrían hecho Boyle y Charles si hubieran podido hablar con los estudiantes en tu clase en la actualidad. Redacta exactamente lo que dirías.

Razonamiento gráfico

20. **Tabla para comparar y contrastar** En una hoja de papel, copia la tabla para comparar y contrastar sobre los estados de la materia. Después complétala y ponle un título. (Para más información acerca de las tablas para comparar y contrastar, consulta el Manual de destrezas.)

Estado de la materia	Forma	Volumen	Ejemplo (a temperatura ambiente)
a. __?__	Definido	b. __?__	Diamante
Líquido	c. __?__	Definido	d. __?__
Gas	e. __?__	No definido	f. __?__

Aplicar las destrezas

Luego de cada cambio de 10°C en la temperatura, se midió la masa del nitrato de plomo disuelto en 100 ml de agua. Utiliza estos datos para responder las Preguntas 21–23.

Temperatura	Disolución de nitrato de plomo
(°C)	(g)
0	37
10	47
20	56
30	66
40	75

21. Hacer gráficas Haz una gráfica de los datos para la masa disuelta en cada temperatura. Gradúa el eje horizontal de 0°C a 60°C y el eje vertical de 0 gramos a 100 gramos.

22. Interpretar datos ¿Qué muestra la gráfica acerca del efecto de la temperatura en la cantidad de nitrato de plomo que se disolverá en agua?

23. Predecir Supón que la cantidad de nitrato de plomo disuelta continúa aumentando a medida que se calienta el agua. Predice cuántos gramos se disuelven a 50°C.

Razonamiento crítico

24. Relacionar causa y efecto Explica por qué colocar una pelota de ping-pong con una hendidura en agua hirviendo es una forma de eliminar la hendidura de la pelota. Parte de la base de que no tiene agujeros.

25. Comparar y contrastar Con ayuda de diagramas, muestra las partículas de gas en un colchón de aire antes de acostarte en él y en el momento de acostarte en él.

26. Aplicar los conceptos La explosión de la dinamita es una reacción química. ¿Esta reacción absorbe o libera energía? Explícalo.

27. Clasificar Determina si cada uno de los cambios siguientes es físico o químico: un tronco derribado en el suelo de un bosque, alcohol que se expande en un termómetro durante un día caluroso, un juguete de plástico que se dobla en diferentes posiciones, agua que se divide en hidrógeno y en oxígeno.

28. Hacer generalizaciones Cuando abres un aromatizante sólido de ambiente, el sólido poco a poco va perdiendo masa y volumen. ¿Cómo piensas que esto sucede?

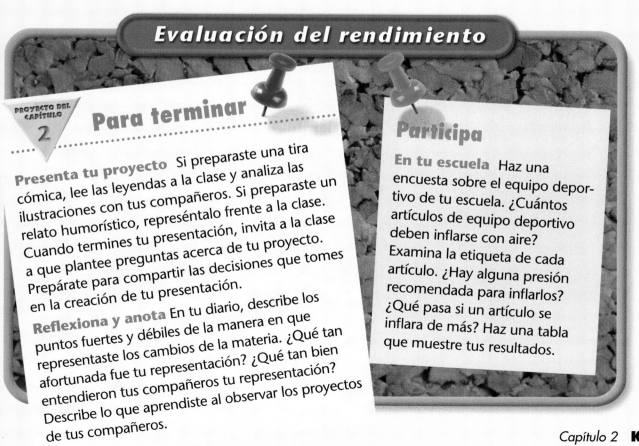

Evaluación del rendimiento

PROYECTO DEL CAPÍTULO 2

Para terminar

Presenta tu proyecto Si preparaste una tira cómica, lee las leyendas a la clase y analiza las ilustraciones con tus compañeros. Si preparaste un relato humorístico, represéntalo frente a la clase. Cuando termines tu presentación, invita a la clase a que plantee preguntas acerca de tu proyecto. Prepárate para compartir las decisiones que tomes en la creación de tu presentación.

Reflexiona y anota En tu diario, describe los puntos fuertes y débiles de la manera en que representaste los cambios de la materia. ¿Qué tan afortunada fue tu representación? ¿Qué tan bien entendieron tus compañeros tu representación? Describe lo que aprendiste al observar los proyectos de tus compañeros.

Participa

En tu escuela Haz una encuesta sobre el equipo deportivo de tu escuela. ¿Cuántos artículos de equipo deportivo deben inflarse con aire? Examina la etiqueta de cada artículo. ¿Hay alguna presión recomendada para inflarlos? ¿Qué pasa si un artículo se inflara de más? Haz una tabla que muestre tus resultados.

CAPÍTULO

3 Los elementos y la tabla periódica

En cierta forma la tabla periódica es similar a este sistema para organizar hilos.

LO QUE ENCONTRARÁS

 SECCIÓN 1 Organizar los elementos

Descubre ¿Cuál es más fácil?
Mejora tus destrezas Clasificar

 SECCIÓN 2 Metales

Descubre ¿Por qué se usa aluminio?
Mejora tus destrezas Observar
Laboratorio real Probando 1, 2, 3…

 SECCIÓN 3 No metales y metaloides

Descubre ¿Cuáles son las propiedades del carbón vegetal?
Inténtalo Muéstrame el oxígeno
Laboratorio de destrezas Una tabla periódica alienígena

PROYECTO 3

Organízate

Imagina que tratas de encontrar madejas de hilo que coincidan entre varias que han sido lanzadas al azar en un recipiente. Por fortuna, el dueño de la tienda ha agrupado las madejas por color y grosor. Tal vez has visto sistemas de organización similares en otras tiendas o en tu propio hogar.

Los químicos también tienen un sistema de organización: se trata de un sistema que organiza los elementos. En la actualidad existen más de 100 elementos. Como aprenderás en este capítulo, cerca de 80 elementos han sido clasificados como metales. En este proyecto, también examinarás las propiedades de distintos metales con mayor detalle.

Tu objetivo Reconocer las propiedades de varias muestras de metales.

Para completar este proyecto tendrás que:
◆ interpretar lo que dice la tabla periódica sobre tus muestras
◆ planear y realizar experimentos que te permitan comprobar al menos tres propiedades de cada uno de tus metales
◆ comparar y contrastar las propiedades de tus muestras
◆ seguir los lineamientos de seguridad del Apéndice A

Para empezar Haz con tus compañeros una lluvia de ideas acerca de los metales. ¿En qué crees que son diferentes los metales de los no metales? El maestro les dará varias muestras para que las analicen. En este proyecto vas a observar las propiedades de los metales.

Comprueba tu aprendizaje Trabajarás en este proyecto mientras estudias el capítulo. Para mantener tu proyecto en marcha, revisa los cuadros de Comprueba tu aprendizaje en los puntos siguientes:
Repaso de la Sección 1, página 86: Busca información en la tabla periódica.
Repaso de la Sección 2, página 92: Planea experimentos para comprobar las propiedades.
Repaso de la Sección 4, página 106: Analiza todas las muestras.

Para terminar Al final del capítulo (página 109), prepararás una presentación en la que compararás y contrastarás los datos esperados y observados sobre los metales que investigaste.

Integrar las ciencias del espacio

SECCIÓN 4
Elementos del polvo de estrellas

Descubre ¿Puede hacerse helio a partir del hidrógeno?

SECCIÓN 1 Organizar los elementos

DESCUBRE ● ACTIVIDAD

¿Cuál es más fácil?

1. Haz 4 juegos de 10 cuadrados de papel, procurando que cada serie tenga un color diferente. Numera cada juego del 1 al 10.

2. Coloca todos los cuadrados en una superficie plana, con el lado numerado hacia arriba. No los ordenes todavía.

3. Pídele a un compañero que mencione un color y un número. Invítalo a medir el tiempo que te lleva encontrar ese cuadrado.

4. Repite el Paso 3 dos veces con cuadrados distintos. Calcula el tiempo promedio de las tres rondas.

5. Ordena los cuadrados en cuatro líneas, una por cada color. Ordena los cuadrados de cada línea del 1 al 10.

6. Repite el Paso 3 tres veces más. Calcula el tiempo promedio.

7. Intercambia turno con tu compañero y repite los Pasos 2 al 6.

Reflexiona sobre

Inferir ¿Cuál fue el tiempo promedio más corto, el del Paso 4 o el del Paso 6? ¿Por qué piensas que los tiempos fueron diferentes?

GUÍA DE LECTURA

◆ ¿Cómo se creó la tabla periódica?

◆ ¿Qué información presenta la tabla periódica?

◆ ¿Cómo se relacionan los electrones de valencia con la tabla periódica?

Sugerencia de lectura Al leer esta sección, consulta *Explorar la tabla periódica* en las páginas 80 y 81 y busca patrones.

Te despiertas, saltas de la cama y comienzas a vestirte. Luego, te preguntas: ¿tengo clases hoy? Para averiguarlo, miras el calendario. Te das cuenta de que no hay clases porque es sábado.

El calendario ordena los días del mes en periodos horizontales llamados semanas y grupos verticales llamados días. Cada lunes comienza la semana escolar y cada sábado inicia el fin de semana. El calendario es útil porque organiza los días del año. Así como los días se organizan en un calendario, los elementos químicos se organizan en una tabla similar. Como verás en esta sección, el "calendario de los químicos" es la tabla periódica.

Buscar patrones en los elementos

Como ya sabes, la materia está formada por más de 100 elementos distintos que tienen una amplia variedad de propiedades. Algunos elementos son muy reactivos, es decir, forman rápidamente compuestos con otros elementos. Otros son menos reactivos. Algunos más no forman ningún compuesto.

El detective Mendeleev

A principios del siglo XIX, los científicos comenzaron a pensar que los elementos podían organizarse de una manera práctica. En 1869, un científico ruso reconoció un patrón oculto en los elementos. Este científico era Dmitri Mendeleev. Como cualquier buen detective, Mendeleev estudió las pruebas, consideró diversas pistas y buscó patrones.

En una de sus primeras observaciones, Mendeleev se dio cuenta de que algunos elementos poseen propiedades químicas y físicas similares. El flúor y el cloro, por ejemplo, son gases que irritan los pulmones si son respirados. La plata y el cobre son metales brillantes que pierden brillo gradualmente si se exponen al aire. Mendeleev consideró que estas eran pistas importantes para el patrón que buscaba. Para encontrar ese patrón, Mendeleev escribió los datos en tarjetas de papel. Anotó las propiedades de cada elemento que conocía, incluido su punto de fusión, su densidad y color.

Mendeleev anotó también otras propiedades importantes: la masa atómica y la capacidad de enlace. La **masa atómica** de un elemento es la masa promedio de un átomo de ese elemento. En aquella época, los científicos calculaban las masas atómicas comparándolas con la del hidrógeno, el elemento más ligero. La capacidad de enlace se refiere al número de enlaces químicos que un elemento puede formar. Esto se determinó estudiando la forma en que cada elemento forma compuestos con el oxígeno.

Figura 1 El tono brillante del cazo de cobre cambiará gradualmente hasta convertirse en un azul verdoso, como el de esta escultura. Mendeleev se dio cuenta que varios metales compartían con el cobre la propiedad de opacarse al exponerse al aire. *Clasificar ¿Es la pérdida de brillo una propiedad física o química?*

La primera tabla periódica

A Mendeleev le gustaba entretenerse con el juego de cartas llamado solitario, por lo que identificaba patrones con facilidad. Así, Mendeleev ordenó sus tarjetas de varias maneras. **Primero observó que surgían patrones cuando ordenaba los elementos por masa atómica, en orden ascendente.** Luego descubrió que la capacidad de enlace de los elementos del litio al flúor cambiaba de manera ordenada.

Figura 2 Mendeleev ordenó los elementos por masa atómica. Los números positivos y negativos representan la capacidad de enlace de los elementos.

+1	+2	+3	−4	−3	−2	−1
Litio (Li) 7	Berilio (Be) 9	Boro (B) 11	Carbono (C) 12	Nitrógeno (N) 14	Oxígeno (O) 16	Flúor (F) 19
Sodio (Na) 23	Magnesio (Mg) 24	Aluminio (Al) 27.4	Silicio (Si) 28	Fósforo (P) 31	Azufre (S) 32	Cloro (Cl) 35.5

Figura 3 Mendeleev (extrema derecha) publicó su primera tabla periódica en 1869. Incluyó signos de interrogación en algunas secciones. Con base en las propiedades y masas atómicas de los elementos cercanos, predijo que se descubrirían nuevos elementos con características específicas.
Comparar y contrastar ¿Cuáles son semejanzas y diferencias entre el diagrama de elementos de Mendeleev y la tabla periódica que aparece en Explorar la tabla periódica?

					Ti=50	Zr=90	?=180.
					V=51	Nb=94	Ta=182.
					Cr=52	Mo=96	W=186.
					Mn=55	Rh=104,4	Pt=197,4
					Fe=56	Ru=104,4	Ir=198.
				Ni=Co=59		Pl=106,6	Os=199.
H=1					Cu=63,4	Ag=108	Hg=200.
	Be=9,4	Mg=24		Zn=65,2		Cd=112	
	B=11	Al=27,4	?=68			Ur=116	Au=197?
	C=12	Si=28	?=70			Sn=118	
	N=14	P=31	As=75			Sb=122	Bi=210
	O=16	S=32	Se=79,4			Te=128?	
	F=19	Cl=35,5	Br=80			I=127	
Li=7	Na=23	K=39	Rb=85,4			Cs=133	Tl=204
		Ca=40	Sr=87,6			Ba=137	Pb=207
		?=45	Ce=92				
		?Er=56	La=94				
		?Yt=60	Di=95				
		?In=75,6	Th=118?				

Después del flúor, el siguiente elemento que Mendeleev conocía era el sodio. (El neón aún no se había descubierto.) La capacidad de enlace del sodio es igual que la del litio. Mendeleev colocó la tarjeta del sodio en el mismo grupo que la del litio. Ordenados de esa manera, cada elemento tenía propiedades similares a los demás elementos de su grupo.

Como descubrió Mendeleev, ordenar los elementos en forma ascendente por masa atómica no produce una tabla perfecta. Por eso movió las tarjetas a posiciones que se ajustaran mejor. Sin embargo, esto también dejaba tres espacios en blanco. Mendeleev propuso con audacia que los espacios en blanco serían ocupados por elementos que aún no se habían descubierto. Incluso predijo sus propiedades.

En 1869, Mendeleev publicó la primera tabla periódica de los elementos, como se aprecia en la Figura 3. La palabra *periódica* significa "patrón que se repite de manera regular". En la moderna **tabla periódica de los elementos,** las propiedades de los elementos se repiten en cada línea (o periodo) de la tabla. En los 16 años siguientes, los químicos descubrieron los tres elementos faltantes, a los cuales llamaron escandio, galio y germanio. Sus propiedades son muy parecidas a las que Mendeleev predijo.

☑ *Punto clave ¿Qué significa "periódica"?*

La tabla periódica y el átomo

Años después de Mendeleev, otros químicos hicieron muchos descubrimientos que exigieron modificaciones a la tabla periódica. Las modificaciones más importantes tuvieron lugar a principios del siglo XX, cuando los científicos comenzaron a identificar las partículas que forman los átomos.

Metal

Metaloide

No metal

Número atómico
El número atómico es el número de protones que contiene el núcleo de un átomo. Por ejemplo, cinco para el boro. En la tabla periódica moderna los elementos se ordenan por número atómico.

Familia
Cada columna de la tabla periódica se denomina grupo o familia. Aunque los elementos de todas las familias tienen propiedades similares, las semejanzas son más notorias en algunos grupos que en otros. Los elementos del Grupo 18 son los gases no reactivos.

Muchas tablas periódicas incluyen una línea quebrada como ésta para separar los metales de los no metales.

13	14	15	16	17	18
					2 **He** Helio 4.003
5 **B** Boro 10.811	6 **C** Carbono 12.011	7 **N** Nitrógeno 14.007	8 **O** Oxígeno 15.999	9 **F** Flúor 18.998	10 **Ne** Neón 20.180
13 **Al** Aluminio 26.982	14 **Si** Silicio 28.086	15 **P** Fósforo 30.974	16 **S** Azufre 32.066	17 **Cl** Cloro 35.453	18 **Ar** Argón 39.948

10	11	12						
28 **Ni** Níquel 58.69	29 **Cu** Cobre 63.546	30 **Zn** Cinc 65.39	31 **Ga** Galio 69.723	32 **Ge** Germanio 72.61	33 **As** Arsénico 74.922	34 **Se** Selenio 78.96	35 **Br** Bromo 79.904	36 **Kr** Criptón 83.80
46 **Pd** Paladio 106.42	47 **Ag** Plata 107.868	48 **Cd** Cadmio 112.411	49 **In** Indio 114.818	50 **Sn** Estaño 118.710	51 **Sb** Antimonio 121.75	52 **Te** Telurio 127.60	53 **I** Yodo 126.904	54 **Xe** Xenón 131.29
78 **Pt** Platino 195.08	79 **Au** Oro 196.967	80 **Hg** Mercurio 200.59	81 **Tl** Talio 204.383	82 **Pb** Plomo 207.2	83 **Bi** Bismuto 208.980	84 **Po** Polonio (209)	85 **At** Astato (210)	86 **Rn** Radón (222)
110 **Uun** Ununnilium (269)	111 **Uuu** Unununium (272)	112 **Uub** Ununbium (272)						

Los elementos 93 en adelante se crearon de manera artificial. Hasta que los científicos se pongan de acuerdo sobre el nombre definitivo de cada elemento, algunos tienen nombres en latín relacionados con sus números atómicos.

63 **Eu** Europio 151.965	64 **Gd** Gadolinio 157.25	65 **Tb** Terbio 158.925	66 **Dy** Disprosio 162.50	67 **Ho** Hoimio 164.930	68 **Er** Erbio 167.26	69 **Tm** Tulio 168.934	70 **Yb** Iterbio 173.04	71 **Lu** Lutecio 174.967
95 **Am** Americio (243)	96 **Cm** Curio (247)	97 **Bk** Berkelio (247)	98 **Cf** Californio (251)	99 **Es** Eistenio (252)	100 **Fm** Fermio (257)	101 **Md** Mendelevio (258)	102 **No** Nobelio (259)	103 **Lr** Laurencio (260)

Cómo leer la tabla periódica

La tabla periódica contiene más de 100 casillas, una para cada elemento. Por lo general, **cada casilla de la tabla periódica comprende el número atómico, símbolo químico, nombre y masa atómica del elemento.**

Qué hay dentro de las casillas En la tabla periódica de las páginas anteriores, encuentra la casilla del hierro, que se ubica en la parte superior de la columna 8, al centro de la tabla. Esta casilla se reprodujo en la Figura 6. El primer dato es el número 26, número atómico del hierro. Esto indica que cada átomo de hierro contiene 26 protones y 26 electrones.

Justo debajo del número atómico están las letras Fe, el símbolo químico del hierro. El **símbolo químico** de un elemento suele contener una o dos letras. El último dato de la casilla es la masa atómica, 55.847 en el caso del hierro. Recuerda que la masa atómica es la masa promedio de los átomos de un elemento. Algunos átomos de hierro tienen una masa atómica de 55, otros 56 y otros 57. Estas diferencias se deben a la variación en el número de neutrones en los núcleos. A pesar de las diferentes masas, todos los átomos de hierro reaccionan químicamente de la misma manera.

Organización de la tabla periódica Recuerda que la tabla periódica está ordenada por números atómicos. Revisa la tabla completa, comenzando en la parte superior izquierda con el hidrógeno (H), que tiene el número atómico 1. Sigue los números atómicos de izquierda a derecha y lee a lo largo de cada línea.

Las propiedades de un elemento pueden predecirse por su ubicación en la tabla periódica. A medida que observes los elementos de una línea o una columna, notarás que las propiedades de los elementos cambian de manera predecible. El carácter predecible de los elementos es la razón por la que la tabla es tan útil para los químicos.

Grupos El cuerpo principal de la tabla periódica se forma por dieciocho columnas y siete líneas. Los elementos de cada columna se llaman **grupo.** Los grupos también se conocen como **familias.** Observa que cada grupo se numera del 1 al 18, de izquierda a derecha. Por lo general, el nombre de un grupo se basa en el nombre del primer elemento de la columna. Por ejemplo, el Grupo 14, es de la familia del carbono. El Grupo 15 es de la familia del nitrógeno.

Los elementos de cada grupo, o familia, poseen características similares. Los elementos del Grupo 1 son metales que reaccionan de manera violenta con el agua. Los metales del Grupo 11 reaccionan con el agua en menor medida o no reaccionan. Los elementos del Grupo 17 reaccionan violentamente con los elementos del Grupo 1, mientras que los elementos del Grupo 18 pocas veces reaccionan o no lo hacen.

Figura 6 En cada casilla de la tabla periódica se indican los cuatro aspectos más importantes del elemento.

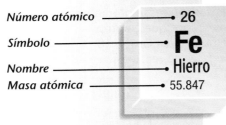

Número atómico ———— 26

Símbolo ———— **Fe**

Nombre ———— Hierro

Masa atómica ———— 55.847

Artes del lenguaje

CONEXIÓN

Estás estudiando Ciencias en español, pero antiguamente, el idioma de las ciencias era el griego, el latín o el árabe. Es por esto que los nombres y los símbolos químicos de muchos elementos no corresponden con los nombres modernos. Por ejemplo, el símbolo del hierro (Fe) proviene del latín *ferrum.*

En tu diario

Haz una lista de los elementos que tengan símbolos químicos extraños, como el sodio (Na), el potasio (K), el estaño (Sn), el oro (Au), la plata (Ag), el plomo (Pb) y el mercurio (Hg). Busca estos nombres y símbolos en el diccionario para saber cuáles fueron los nombres originales de estos elementos.

Periodos Cada línea de la tabla se llama **periodo.** Un periodo contiene elementos de distintas familias, tal como las semanas del calendario poseen días diferentes. A diferencia de los elementos en una familia, los elementos de cada periodo no tienen propiedades similares. De hecho, si observas un periodo completo, notarás que las propiedades de los elementos cambian gradualmente, sin embargo, hay un patrón constante de izquierda a derecha.

En el cuarto periodo, por ejemplo, los elementos cambian de ser metales muy reactivos, como el potasio (K) y el calcio (Ca), a metales poco reactivos, como el níquel (Ni) y el cobre (Cu), y a metaloides y no metales, como el arsénico (As) y el bromo (Br). El último elemento en un periodo siempre es un gas particularmente inactivo. En el periodo mencionado, el gas es el criptón (Kr). ¡Desde luego, el criptón no está relacionado con la "criptonita", ese elemento ficticio que tanto teme Supermán!

Como puedes ver, hay siete periodos de elementos. Cada periodo tiene un número diferente de elementos. El Periodo 1 sólo tiene dos elementos: hidrógeno (H) y helio (He). Los Periodos 2 y 3 presentan 8 elementos. Los Periodos 4 y 5 tienen 18 elementos cada uno.

También observarás que algunos elementos del Periodo 6 y algunos del Periodo 7 se han separado de la tabla. Estos elementos son parte de la tabla periódica, pero aparecen en líneas separadas de su sección principal. Tales elementos se muestran de manera separada para evitar que la línea crezca demasiado. Imagina cómo se verían los 32 elementos de los Periodos 6 y 7 en una sola línea.

☑ *Punto clave* *¿Con qué nombre se conocen las columnas de la tabla periódica?*

Figura 7 Puedes hallar los nombres de los elementos en algunos productos comunes, como las baterías de níquel y cadmio de esta cámara. *Inferir ¿Qué metales se representan con las letras ni y cad en una batería común?*

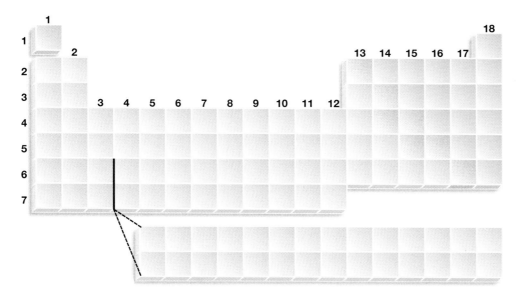

Figura 8 Las columnas de la tabla periódica se llaman grupos o familias. Las líneas se llaman periodos.

Cómo funciona la tabla periódica

Ya viste que Mendeleev se basó en la capaciad de enlace para desarrollar su tabla periódica. La capacidad de enlace se refiere al número de enlaces que un elemento puede formar durante un cambio químico. Pero Mendeleev no pudo explicar la capacidad de enlace, pues no conocía la estructura de los átomos.

Electrones de valencia Recuerda que en un átomo los protones y neutrones forman el núcleo, mientras que los electrones están fuera del núcleo. Los electrones explican la capacidad de enlace porque pueden

CIENCIAS e Historia

Descubrimiento de los elementos

En 1869, cuando Dmitri Mendeleev desarrolló su primera tabla periódica, sólo se conocían 63 elementos. Desde entonces, los científicos han descubierto o creado casi 50 nuevos elementos.

1875
Galio

Mendeleev predijo las propiedades de un elemento desconocido al cual llamó "eka-aluminum", mismo que debía ubicarse justo debajo del aluminio en la tabla. En 1875, el químico francés Paul-Émile Lecoq de Boisbaudran descubrió un elemento, al que llamó galio. Ese elemento tenía las propiedades descritas por Mendeleev.

1898
Polonio y radio

La química polaca Marie Curie comenzó su experimento con tres toneladas de mineral de uranio para finalmente aislar unos cuantos gramos de dos nuevos elementos, a los cuales llamó polonio y radio.

1850	1880	1910

1894
Argón, neón, criptón y xenón

El químico británico Sir William Ramsay descubrió un elemento al que llamó argón, usando una palabra griega que significa holgazán. El nombre es adecuado porque el argón no reacciona con otros elementos. Ramsay comenzó a buscar otros gases no reactivos y, finalmente, descubrió el neón, el criptón y el xenón.

transferirse o compartirse entre átomos. Pero esto no es válido para todos los electrones. Cuando un átomo tiene dos o más electrones, éstos pueden estar a diferentes distancias del núcleo. Sólo los electrones que están más alejados pueden compartirse o transferirse. Los electrones que pueden transferirse o compartirse se llaman **electrones de valencia.**

Los elementos tienen diferentes números de electrones de valencia. El número de electrones de valencia determina si un elemento cede, comparte o acepta electrones. El número de electrones de valencia de un elemento aumenta de izquierda a derecha en cada periodo.

En tu diario

Elige tres elementos que te interesen e investiga más sobre ellos. ¿Quién los identificó o descubrió? ¿Cómo obtuvieron su nombre? ¿Cómo se utilizan? Para dar respuesta a estas preguntas, busca los elementos que elegiste en un libro de referencia sobre la materia.

1941

Plutonio

El químico estadounidense Glenn Seaborg fue el primero en aislar el plutonio, que se encuentra en pequeñas cantidades en minerales de uranio. El plutonio se usa como combustible en cierto tipo de reactores nucleares. También se ha utilizado para proveer de energía a motores propulsores en la exploración del espacio.

1940   **1970**   **2000**

1939

Francio

Aunque Mendeleev predijo las propiedades de un elemento que llamó "eka-cesium", dicho elemento no se descubrió hasta 1939. La química francesa Marguerite Perey lo nombró así en honor a su país.

1997

Elementos 101 a 109

Los miembros de la Unión Internacional de Químicos Puros y Aplicados (IUPAC) acordaron los nombres oficiales para los elementos 101 a 109. Muchos de los nombres honran a importantes científicos, como Lise Meitner, que aparece en esta fotografía de 1913. Todos los nuevos elementos se crearon de manera artificial en laboratorios, y ninguno es suficientemente estable para existir en la naturaleza.

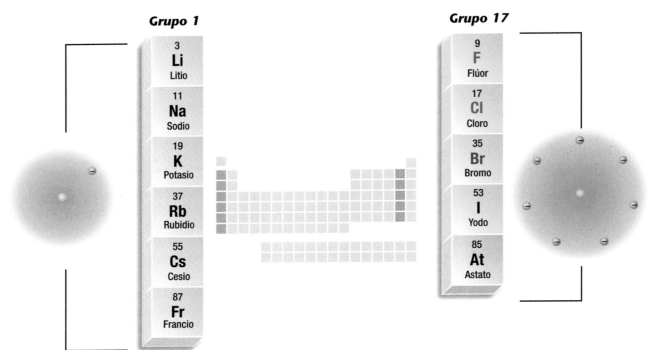

Grupo 1

3	**Li** Litio
11	**Na** Sodio
19	**K** Potasio
37	**Rb** Rubidio
55	**Cs** Cesio
87	**Fr** Francio

Grupo 17

9	**F** Flúor
17	**Cl** Cloro
35	**Br** Bromo
53	**I** Yodo
85	**At** Astato

Figura 9 Todos los elementos de un grupo tiene el mismo número de electrones de valencia.
Hacer generalizaciones ¿Qué tienen en común los elementos del Grupo 1? ¿Qué tienen en común los elementos del Grupo 17?

Electrones de valencia en los grupos Los átomos que tienen el mismo número y la misma distribución de electrones de valencia poseen propiedades similares, es por esto que pertencen a un patrón periódico. **Los elementos de cada grupo de la tabla periódica tienen el mismo número y la misma distribución de electrones de valencia.**

Por ejemplo, cada uno de los elementos del Grupo 1, en el extremo izquierdo de la tabla, tienen átomos con 1 electrón de valencia. Con excepción del helio, todos los elementos del Grupo 18, en el extremo derecho, tienen 8 electrones de valencia.

En las secciones 2 y 3 explorarás cada grupo de elementos para aprender más acerca de sus propiedades. A medida que investigues sobre un grupo de elementos, piensa en el número de electrones de valencia que hay en sus átomos.

Repaso de la sección 1

1. ¿Cómo organizó Mendeleev los elementos en la tabla periódica?
2. ¿Qué información se incluye en cada casilla de la tabla periódica?
3. ¿Qué indica la tabla periódica acerca de los elementos en un grupo?
4. **Razonamiento crítico Comparar y contrastar** El elemento A está en el mismo grupo que el elemento B y en el mismo periodo que el elemento C. De los tres elementos, ¿cuáles son los dos que pueden tener propiedades similares? Explica tu respuesta.

PROYECTO DEL CAPÍTULO 3

Comprueba tu aprendizaje
Encuentra en la tabla periódica la casilla de cada metal que hayas elegido. Prepara una tabla para anotar el símbolo químico, número de grupo, número atómico y masa atómica, además de sus propiedades características. Toma los datos de la tabla periódica.

SECCIÓN 2 Metales

DESCUBRE  ACTIVIDAD

¿Por qué se usa aluminio?

1. Examina varios objetos de aluminio, incluidos una lata, un molde para pastel, una lámina de aluminio resistente, papel de aluminio para envolver y alambre de aluminio.

2. Compara la forma, el grosor y la apariencia general de los objetos.

3. Observa lo que pasa si tratas de doblar o desdoblar cada objeto.

4. ¿Con qué propósito se utiliza cada objeto?

Reflexiona sobre

Inferir Usa tus observaciones para hacer una lista de todas las propiedades del aluminio que recuerdes. Con base en tu lista, trata de inferir por qué se usa el aluminio para fabicar cada objeto. ¿Qué objetos piensas que podrían hacerse con otros metales? Explica tu respuesta.

Los metales te rodean. Los automóviles y los autobuses en los que viajas están fabricados con acero, que en su mayor parte es hierro. Los aviones están hechos de aluminio. Muchas monedas son aleaciones de cinc con cobre, níquel o plata. Los alambres de cobre llevan electricidad a las lámparas de mesa, los estéreos y las computadoras. Resulta difícil imaginar la vida sin los metales.

GUÍA DE LECTURA

◆ ¿Cuáles son las propiedades de los metales?

◆ ¿Cómo puedes caracterizar cada familia de metales?

Sugerencia de lectura
Conforme leas el nombre de un nuevo metal o grupo de metales, localízalo en la tabla periódica.

¿Qué es un metal?

Observa la tabla periódica en la Sección 1 o el Apéndice D. La mayor parte de los elementos son metales y se hallan a la izquierda de la línea quebrada que divide la tabla periódica. Los demás elementos se clasifican como no metales y metaloides. En la siguiente sección, aprenderás más sobre los no metales y los metaloides.

Propiedades físicas ¿Qué es un metal? Analiza un metal común, como el hierro, el estaño, el oro o la plata. ¿Qué palabras utilizaste: duro, brillante, suave? **Los químicos clasifican como metal un elemento con base en varias propiedades físicas como la dureza, el brillo, la maleabilidad y la ductilidad.** La plata (Ag) pulida es un buen ejemplo de brillo. Un material **maleable** es aquel que puede ser moldeado en distintas formas. Un material **dúctil** es aquel que puede alargarse, o estirarse, para formar alambres. Las planchas y los alambres de cobre son resultado de la maleabilidad y ductilidad del cobre.

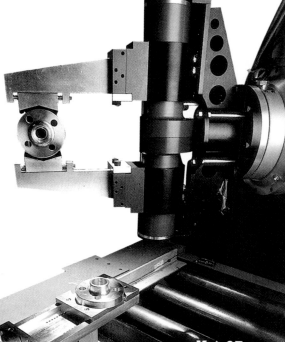

Un robot procesando válvulas cardiacas de metal. ▶

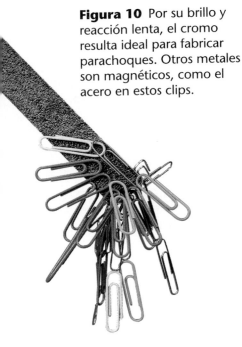

Figura 10 Por su brillo y reacción lenta, el cromo resulta ideal para fabricar parachoques. Otros metales son magnéticos, como el acero en estos clips.

Se dice que casi todos los metales son buenos **conductores** porque transmiten calor y electricidad con facilidad. Algunos metales son atraídos por imanes y pueden magnetizarse. Por eso, el hierro (Fe), el cobalto (Co) y el níquel (Ni) se describen como metales **magnéticos.**

Casi todos los metales se encuentran en estado sólido a temperatura ambiente. La mayor parte de los metales alcanzan su punto de fusión a temperaturas muy elevadas. De hecho, la temperatura de algunos metales tiene que elevarse hasta a 3,400° C para fundirse. Una excepción es el mercurio (Hg), que se encuentra en estado líquido a temperatura ambiente.

Propiedades químicas Los metales presentan una amplia gama de propiedades químicas. La facilidad y velocidad con que se combina o reacciona un elemento con otros elementos y compuestos se llama **reactividad.** Algunos metales son muy reactivos. Por ejemplo, el sodio (Na) y el potasio (K) deben almacenarse en aceite dentro de recipientes cerrados herméticamente. Si se les expone al aire o al agua, pueden reaccionar de manera explosiva.

En comparación, el oro (Au) y el cromo (Cr) no son reactivos. El valor del oro no sólo radica en su rareza, sino en que no reacciona fácilmente con el aire, por lo que conserva su brillo. El cromo se usa para bañar objetos que permanecen expuestos al aire, como las molduras de los automóviles, pues tarda mucho en reaccionar con el aire o el agua.

La capacidad de rección de los demás metales se ubica entre la del sodio y la del oro. Reaccionan lentamente con el oxígeno de la atmósfera y forman óxidos metálicos. Por ejemplo, si no se cubren los objetos de hierro, su superficie desarrolla poco a poco una oxidación de color café rojizo. Un metal puede desgastarse al desprenderse la capa de óxido. Este proceso de reacción y desgaste se llama **corrosión.**

Figura 11 Si se hace gotear agua sobre metal de sodio, se forma una reacción explosiva.

☑ *Punto clave* *¿Cómo se comportan los metales reactivos?*

Aleaciones

Como leíste en el Capítulo 1, una mezcla consiste de dos o más sustancias que se mezclan, pero no pierden sus propiedades químicas. ¿Pueden usarse los metales para formar mezclas útiles? Piensa en el acero con que se arma un automóvil, en el latón de una trompeta y en el bronce de una estatua. Cada uno de estos materiales está hecho con la mezcla de diversos metales.

Una mezcla de metales es una **aleación.** Las aleaciones útiles combinan las mejores propiedades de dos o más metales en una sola sustancia. Por ejemplo, el cobre es un metal bastante dúctil y maleable. Pero mezclado con el estaño, forma el bronce, que se usa para elaborar estatuas, ya que puede durar cientos de años. El latón es una aleación de cobre y cinc. El hierro puro se oxida muy fácilmente, pero si se mezcla con carbono, cromo y vanadio, forma el acero inoxidable. Los cuchillos y los tenedores hechos de acero inoxidable pueden lavarse una y otra vez sin oxidarse.

Figura 12 El bronce de esta estatua es el resultado de una aleación de cobre y estaño. *Clasificar ¿Qué es una aleación: un elemento, un compuesto o una mezcla?*

Metales en la tabla periódica

Los metales de un grupo o familia, tienen propiedades similares que cambian gradualmente de izquierda a derecha en la tabla. La reactividad de los metales tiende a disminuir conforme te mueves de izquierda a derecha en la tabla periódica.

Metales alcalinos Los metales del Grupo 1, del litio al francio, se llaman **metales alcalinos.** Estos metales tan reactivos nunca se encuentran aislados en la naturaleza. En otras palabras, nunca se encuentran como elementos, sino como compuestos. Sólo en laboratorio los científicos han podido separar las formas puras de estos elementos. En estado de pureza, los metales alcalinos son muy dúctiles y brillantes. ¡Su ductibilidad es tan alta, que podrías cortarlos con un cuchillo de plástico!

Los dos metales alcalinos más importantes son el sodio y el potasio. Los compuestos de sodio se encuentran en grandes cantidades en el agua del mar y en los bancos de sal. Tu dieta comprende varios compuestos de sodio y potasio, ya que son esenciales para la vida. Otro metal alcalino, el litio, se utiliza para fabricar baterías y algunos medicamentos.

¿Por qué son tan reactivos los metales alcalinos? La respuesta se halla en los electrones de valencia. Cada átomo de un metal alcalino tiene un electrón de valencia que se transfiere fácilmente a otros átomos durante un cambio químico. Cuando el electrón de valencia desaparece, la parte del átomo que permanece es mucho más estable.

Mejora tus destrezas

Observar
ACTIVIDAD

1. Busca una moneda de un centavo de 1983 o de emisión posterior. Raspa su borde con una lija. Colócala en un vaso de unicel. Cubre con vinagre 1 o 2 cm del vaso.

2. Espera 24 horas. Describe los cambios. ¿Qué propiedad de los metales demostraste?

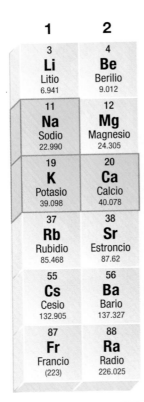

1	2
3 **Li** Litio 6.941	4 **Be** Berilio 9.012
11 **Na** Sodio 22.990	12 **Mg** Magnesio 24.305
19 **K** Potasio 39.098	20 **Ca** Calcio 40.078
37 **Rb** Rubidio 85.468	38 **Sr** Estroncio 87.62
55 **Cs** Cesio 132.905	56 **Ba** Bario 137.327
87 **Fr** Francio (223)	88 **Ra** Radio 226.025

Figura 13 Las soluciones intravenosas (arriba, al centro) son fuente de potasio y sodio, elementos indispensables para el desarrollo de las células vivas. El calcio también forma la piedra caliza de estos acantilados (arriba a la derecha). *Interpretar diagramas ¿A qué familias pertenecen los metales potasio, sodio y calcio?*

Metales alcalinotérreos El Grupo 2 de la tabla periódica contiene los **metales alcalinotérreos.** Aunque no son tan reactivos como los del Grupo 1, su reactividad es mayor que la de casi todos los metales. Por eso nunca se encuentran en estado puro. Su dureza es mayor, son de color blanco brillante y son buenos conductores de electricidad.

Los dos metales alcalinotérreos más comunes son el magnesio y el calcio. En el pasado, el magnesio se utilizaba para fabricar bombillas de destello, debido a la brillante luz que emite al encenderse. El magnesio también se combina con el aluminio para formar una aleación ligera, pero muy resistente, con la que se fabrican escaleras, piezas de avión y otros productos. El calcio es parte esencial de dientes y huesos, y también contribuye al buen funcionamiento de los músculos. Puedes obtener calcio de la leche y de otros productos lácteos, además de las verduras.

Cada átomo de los metales alcalinotérreos tiene dos electrones de valencia. Al igual que los metales alcalinos, los metales alcalinotérreos pierden fácilmente sus electrones de valencia en las reacciones químicas. Cada metal alcalinotérreo es casi tan reactivo como el elemento que le sigue a la izquierda en la tabla periódica.

Metales de transición Los elementos de los Grupos 3 al 12 se llaman **metales de transición.** Los metales de transición forman un puente entre los metales muy reactivos en el extremo izquierdo de la tabla periódica y los metales menos reactivos en el extremo derecho. Los metales de transición son tan parecidos entre sí, que a menudo es difícil detectar las diferencias entre columnas cercanas.

Los metales de transición incluyen la mayoria de los metales comunes, como el hierro, el cobre, el níquel, la plata y el oro. Casi todos son duros y brillantes. El oro, el cobre y otros metales de transición tienen colores poco comunes. Todos son buenos conductores de electricidad.

Los metales de transición son bastante estables ya que no reaccionan con el aire y el agua o lo hacen con gran lentitud. Por eso las monedas y la joyería antiguas son tan hermosas y conservan sus detalles originales. Aunque el hierro reacciona con el aire y el agua, el óxido puede tardar años en formarse, y su reacción nunca es tan violenta como la de los metales alcalinos.

INTEGRAR LAS CIENCIAS DE LA VIDA ¿Sabías que en tu cuerpo también hay metales de transición? De hecho, no sobrevivirías por mucho tiempo sin uno de ellos: el hierro. El hierro es parte fundamental de una molécula llamada hemoglobina, que transporta el oxígeno en la sangre. La hemoglobina también da a la sangre su color rojo brillante.

Metales en grupos combinados Los Grupos 13 a 16 de la tabla periódica comprenden metales, no metales y metaloides. Los metales en estos grupos a la derecha de los metales de transición no son tan reactivos como los de la izquierda de la tabla. Los más conocidos de estos metales son el aluminio, el estaño y el plomo. El aluminio es un metal ligero que se utiliza para fabricar latas de bebidas y piezas para aviones. Una capa delgada de estaño se utiliza para cubrir el acero y protegerlo así de la corrosión en las latas de alimento. El plomo es un metal brillante, de color blanco azuloso que se utilizaba en la fabricación de pinturas y tuberías, pero debido a que es venenoso, ya no se utiliza para dichos propósitos. Ahora sólo se usa en las baterías de los automóviles.

☑️ *Punto clave* ¿Qué grupos son conocidos como metales de transición?

Figura 14 Los metales de transición se utilizan para hacer pinturas de colores vistosos, incluidos el azul cobalto, el blanco de cinc, el rojo cadmio y el verde de óxido de cromo.

3	4	5	6	7	8	9	10	11	12
21 **Sc** Escandio 44.956	22 **Ti** Titanio 47.88	23 **V** Vanadio 50.942	24 **Cr** Cromo 51.996	25 **Mn** Manganeso 54.938	26 **Fe** Hierro 55.847	27 **Co** Cobalto 58.933	28 **Ni** Níquel 58.69	29 **Cu** Cobre 63.546	30 **Zn** Cinc 65.39
39 **Y** Itrio 88.906	40 **Zr** Circonio 91.224	41 **Nb** Niobio 92.906	42 **Mo** Molibdeno 95.94	43 **Tc** Tecnecio (98)	44 **Ru** Rutenio 101.07	45 **Rh** Rodio 102.906	46 **Pd** Paladio 106.42	47 **Ag** Plata 107.868	48 **Cd** Cadmio 112.411
57 **La** Lantano 138.906	72 **Hf** Hafnio 178.49	73 **Ta** Tántalo 180.948	74 **W** Tugsteno 183.85	75 **Re** Renio 186.207	76 **Os** Osmio 190.23	77 **Ir** Iridio 192.22	78 **Pt** Platino 195.08	79 **Au** Oro 196.967	80 **Hg** Mercurio 200.59
89 **Ac** Actinio 227.028	104 **Rf** Ruterfodio (261)	105 **Db** Dubnio (262)	106 **Sg** Seaborgio (263)	107 **Bh** Nielsborio (262)	108 **Hs** Hassio (265)	109 **Mt** Meitnerio (266)	110 **Uun** Unununilium (269)	111 **Uuu** Unununium (272)	112 **Uub** Ununbium (272)

58	59	60	61	62	63	64	65	66	67	68	69	70	71
Ce	Pr	Nd	Pm	Sm	Eu	Gd	Tb	Dy	Ho	Er	Tm	Yb	Lu
90	91	92	93	94	95	96	97	98	99	100	101	102	103
Th	Pa	U	Np	Pu	Am	Cm	Bk	Cf	Es	Fm	Md	No	Lr

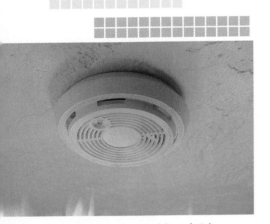

Figura 15 El metal lantánido llamado americio se utiliza para fabricar detectores de humo como éste. *Interpretar diagramas ¿Cuál es el número atómico del americio?*

Lantánidos y actínidos Los elementos de la parte inferior de la tabla periódica se llaman **lantánidos** y **actínidos.** También se conocen como tierras raras. Se ubican en los Periodos 6 y 7 entre los metales alcalinotérreos y los metales de transición, pero se colocan abajo por razones de conveniencia.

Los lantánidos son metales dúctiles, maleables, brillantes, con gran conductividad. Se utilizan en la industria para diversas aleaciones. En la naturaleza suelen encontrarse combinados. De hecho es difícil separarlos, pues todos tienen propiedades similares.

De los actínidos, sólo el torio (Th) y el uranio (U), existen en la Tierra en cantidades significativas. Quizás has oído hablar del uranio, que se utiliza para producir energía en las plantas nucleares. Todos los elementos posteriores al uranio en la tabla periódica se crearon de manera artificial en laboratorios. Los núcleos de estos elementos son muy inestables, lo cual significa que se separan rápidamente en pequeños núcleos. Muchos de estos elementos sintéticos son tan inestables que tienen una vida de fracciones de segundo.

Repaso de la sección 2

1. Haz una lista de cuatro propiedades comunes en la mayoría de los metales.
2. Compara la reactividad de los metales del extremo izquierdo con los del extremo derecho de la tabla periódica.
3. Si señalas al azar un elemento en la tabla periódica, ¿es más probable que sea un metal, un no metal o un metaloide? Explica tu respuesta.`
4. **Razonamiento crítico Predecir** El elemento 118 aún no se ha descubierto. Si existiera, ¿en qué parte de la tabla periódica se ubicaría? (*Sugerencia:* Empieza en la casilla del elemento 112.) ¿Sería un metal, un no metal o un metaloide? ¿Qué propiedades crees que tendría? Explica tu respuesta.

PROYECTO DEL CAPÍTULO 3

Comprueba tu aprendizaje

Observa tus muestras en busca de propiedades como brillantez, dureza y color. Anota estas observaciones en tu tabla. Planea cómo probar otras propiedades de los metales como la conductividad eléctrica y de calor, la densidad y las reacciones con ácidos y oxígeno. Recuerda que necesitas comparar las propiedades de tus muestras de metal. Pídele a tu maestro que apruebe tu plan experimental.

Limpiar la contaminación por metales

Los metales son recursos importantes. Por ejemplo, el mercurio se utiliza en termómetros, medicamentos y en equipo eléctrico. El cadmio y el plomo se usan para hacer baterías, y el plomo también se utilizaba para hacer pinturas. Sin embargo, estos metales son venenosos, o tóxicos, para los seres humanos que se exponen a ellos por largos periodos.

Años de uso de estos elementos en las fábricas dejó como huella edificios y terrenos contaminados con metales tóxicos. Hasta 1980, ninguna ley exigía la limpieza de los terrenos contaminados con metales tóxicos. Sin embargo, el gobierno federal aprobó una ley que obliga a los propietarios de terrenos o arrendatarios a limpiar los desechos tóxicos.

Temas de debate

¿Debe limpiarse y construir en suelo contaminado? Cerca de 450,000 fábricas, minas y vertederos en Estados Unidos han sido cerrados al presentar contaminación por metales tóxicos. Un método de eliminación es retirar la capa contaminada de tierra y trasladarla a un confinadero. Otro método común es cubrir el suelo contaminado con una capa gruesa de suelo limpio o una sustancia que el agua no pueda penetrar, con la finalidad de reducir la expansión de la contaminación.

Para algunos expertos en salud se evita la exposición a los metales tóxicos al limpiar o cercar los lugares contaminados para evitar el acceso, y no utilizarlos de nuevo.

Los constructores opinan que la tierra puede limpiarse para levantar nuevas edificaciones. Algunos funcionarios públicos fomentan la construcción porque genera empleos.

¿Qué zonas deben limpiarse? Algunas personas opinan que sólo deben limpiarse las zonas habitacionales. Dicen que el contacto con los metales tóxicos es más peligroso en las casas que en el trabajo, pues la gente pasa más tiempo en aquéllas. Sugieren una limpieza a fondo en las casas, menos profunda en las fábricas o lugares de trabajo, pues así el costo de la limpieza no es tan elevado.

Otras personas sugieren la eliminación completa de todos los lugares contaminados. Dicen que los metales tóxicos en el suelo de los sitios industriales pueden contaminar los terrenos cercanos o filtrarse a las corrientes de agua subterránea.

¿Quién es responsable de la eliminación? Destruir los edificios contaminados, extraer la tierra y realizar rellenos sanitarios son tareas costosas. Determinar quién es el responsable de eliminar sitios contaminados es un asunto complicado. Las leyes federales y estatales difieren respecto a quienes son los responsables. En algunos lugares la eliminación sólo puede realizarse con inversión estatal o federal.

Tú decide

1. Identifica el problema
En tus propias palabras, explica el problema que representan los lugares contaminados con metales tóxicos.

2. Analiza las opciones
¿Qué ventajas o desventajas representa la construcción de casas en sitios contaminados? ¿Qué daños pueden sufrir las personas?

3. Encuentra una solución
Supón que eres un constructor, o un obrero, o el propietario de un terreno contaminado o que vives cerca de uno. Crea y defiende una opinión sobre la posibilidad de construir en ese sitio.

Probando 1, 2, 3...

¿Cuáles son los mejores materiales para fabricar tuberías? ¿O para cables eléctricos? ¿O para puntillas para lapicero? Los científicos en materiales dan respuesta a preguntas como éstas. Se esfuerzan en encontrar los materiales adecuados para elaborar distintos productos. Para entender los materiales, necesitas conocer sus propiedades básicas. En este experimento, compararás las propiedades del alambre de cobre con las de una muestra de grafito. El grafito es una forma del carbono.

Problema

¿Cómo se comparan el cobre y el grafito?

Enfoque en las destrezas

observar, interpretar datos y clasificar

Materiales

batería de 1.5 v.   hornilla
vaso de precipitados   agua
   de 200 ml   cronómetro
bombilla y portabombilla
3 pedazos de cable aislado
pedazos de alambre de cobre delgado, sin
   aislar, de 5 o 6 cm de largo
2 muestras de grafito (puntillas para
   lapicero), de 5 o 6 cm de largo

Procedimiento

1. Llena con agua tres cuartas partes del vaso de precipitados. Caliéntalo a temperatura baja en una hornilla. Déjalo allí mientras completas las Partes 1 y 2 de la investigación.

Parte 1 Propiedades físicas

2. Compara el brillo y el color de tus dos muestras. Anota tus observaciones.
3. Dobla un trozo de alambre. Haz lo mismo con una de las puntillas, tanto cómo sea posible. Anota los resultados de cada prueba.

Parte 2 Conductividad eléctrica

4. Pon la bombilla en el portabombillas. Utiliza un pedazo de alambre para conectar uno de los polos de la batería al portabombillas, como se muestra en la fotografía de abajo.
5. Une la punta del segundo alambre al otro polo de la batería. Deja suelta la punta de este alambre.
6. Une la punta del tercer alambre al otro polo del portabombillas. Deja libre la otra punta de este alambre.

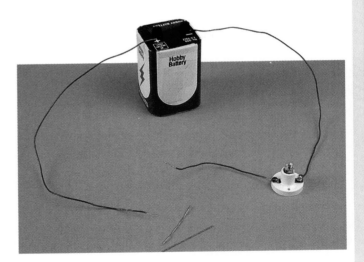

7. Une las puntas libres del segundo y tercer alambres con las puntas del alambre de cobre. Anota tus observaciones.
8. Repite el Paso 7, usando una puntilla de grafito en lugar del alambre de cobre.

Parte 3 La conductividad del calor

9. Apaga la hornilla.
10. Sostén un extremo de la puntilla con dos dedos. Sostén un extremo del alambre de cobre con la otra mano.
11. Sumerge la puntilla y el alambre de cobre en el agua caliente al mismo tiempo. Sólo 1 cm de cada pieza debe penetrar en el agua. Procura que la distancia entre tus dedos y el agua sea la misma tanto en la puntilla como en el alambre.
12. Anota el tiempo que tarda en llegar el calor a la punta de tus dedos en cada mano. Anota tus observaciones.

Analizar y concluir

1. Compara las propiedades físicas del cobre y del grafito.
2. Describe los resultados de las pruebas de conductividad eléctrica y de calor.
3. Con base en tus observaciones, explica por qué el cobre se clasifica como un metal y el carbono no.
4. En el Paso 11, ¿por qué es importante que las distancias sean iguales?
5. **Aplicar** Con base en tus observaciones y conclusiones, ¿para qué productos es mejor el cobre y el grafito?

Crear un experimento

Por lo general, la densidad de los metales es mayor que la de los no metales. Crea un procedimiento que compare la densidad del cobre con la del grafito. Realiza tu investigación con la aprobación previa de tu maestro.

SECCIÓN 3 No metales y metaloides

¿Cuáles son las propiedades del carbón vegetal?

1. Rompe una pieza de carboncillo y gíralo entre tus dedos. Anota tus observaciones.

2. Frota el carboncillo en una hoja de papel. Describe lo que sucede.

3. Dale unos golpecitos con el canto sin filo de un cuchillo para mantequilla o con un tenedor. Describe lo que sucede.

4. Cuando termines tu investigación, devuelve el carboncillo al maestro y lávate las manos.

Reflexiona sobre
Clasificar El carboncillo es una forma de carbono. ¿Clasificarías el carbono como un metal o un no metal? Utiliza tus observaciones de esta actividad para explicar tu respuesta.

GUÍA DE LECTURA

◆ ¿En qué parte de la tabla periódica están los no metales y los metaloides?

◆ ¿Qué propiedades tienen los no metales y los metaloides?

Sugerencia de lectura A medida que leas sobre cada familia de no metales, haz una lista de sus propiedades.

Piensa en diez objetos que no contengan metal. Pueden ser ligeros y suaves, como el pelo de un animal, una brizna de césped o una camisa de seda. También puedes incluir objetos más duros, como un trozo de corteza de árbol o la cubierta de plástico de una computadora. Otra opción son los líquidos como el agua y la gasolina, o gases como el nitrógeno y el oxígeno.

En el mundo hay muchos materiales que contienen poco o ningún metal. Pero eso no es todo, algunos de estos materiales poseen una amplia gama de propiedades que van de la suavidad a la dureza, de flexibilidad o fragilidad, de sólido a gas, etcétera. Para entender estas propiedades, debes estudiar otra categoría de los elementos: los no metales.

¿Qué es un no metal?

No metales son los elementos que carecen de la mayor parte de las propiedades de los metales. **Hay 17 no metales, que se ubican a la derecha de la línea en forma de escala en la tabla periódica.** Como descubrirás, muchos de los no metales son muy comunes, además de bastante importantes para todos los seres vivos en la Tierra.

Propiedades físicas Muchos de los no metales son gases a temperatura ambiente, lo que significa que tienen puntos de

Figura 16 Los organismos vivos, como este mapache y juncos, están formados en su mayor parte por no metales, como los elementos carbono, hidrógeno, oxígeno y nitrógeno.

ebullición bajos. El aire que respiras está hecho en su mayor parte de dos no metales, nitrógeno (N) y oxígeno (O). Otros elementos no metales, como el carbono (C) y el yodo (I), son sólidos a temperatura ambiente. El bromo (Br) es el único no metal que es líquido a temperatura ambiente.

En general, las propiedades físicas de los no metales son contrarias a las que caracterizan a los metales. La mayor parte de los no metales son opacos, a diferencia de los metales brillantes. Los no metales sólidos son frágiles, lo que quiere decir que no son maleables ni dúctiles. Si golpeas a la mayor parte de los no metales sólidos, se romperán con facilidad o se desmoronarán. Los no metales por lo general poseen densidades más bajas que los metales. Además, no son buenos conductores de calor o electricidad.

Propiedades químicas La mayor parte de los no metales forman compuestos fácilmente. Pero los elementos del Grupo 18 casi nunca lo hacen. La diferencia tiene que ver con los electrones de valencia. Los átomos de los elementos del Grupo 18 no ganan, no ceden y tampoco comparten electrones. Por este motivo, los elementos del Grupo 18 no reaccionan con otros elementos.

El resto de los no metales tiene átomos que ganan o comparten electrones. En cualquier caso, dichos átomos pueden reaccionar con otros átomos, lo que conduce a la formación de compuestos.

Compuestos formados por los no metales Cuando los no metales reaccionan con los metales, los electrones de valencia del metal se desplazan a los átomos del no metal. Los elementos del Grupo 17 reaccionan con facilidad de esta manera. El producto de una reacción entre un metal y un no metal del Grupo 17 es un compuesto llamado sal. Un ejemplo claro es la sal común (NaCl), que está formada por sodio (Na) y cloro (Cl). Hay otros grupos de no metales que también forman compuestos con los metales. El óxido es un compuesto hecho de hierro y oxígeno (Fe_2O_3). El óxido es la capa rojiza que tal vez has visto en trozos viejos de acero o en los clavos de hierro.

Los no metales también pueden formar compuestos con otros no metales. Sus átomos comparten electrones y forman moléculas. Muchos no metales pueden formar moléculas de dos átomos idénticos, llamadas **moléculas diatómicas.** Los ejemplos más comunes de moléculas diatómicas son el oxígeno (O_2), el nitrógeno (N_2) y el hidrógeno (H_2).

☑ *Punto clave* *¿En qué parte de la tabla periódica se encuentran los no metales?*

Figura 17 Los no metales en estado sólido, como este trozo de azufre, suelen desmoronarse cuando se golpean con un martillo. *Comparar y contrastar ¿Qué crees que pasará si golpeas un trozo de metal como el cobre o el oro con un martillo?*

Figura 18 Cuando un metal como el sodio, reacciona con un no metal como el cloro, se transfiere un electrón de valencia de cada átomo de sodio al átomo de cloro. Cuando dos átomos idénticos de un no metal reaccionan entre sí, comparten electrones.

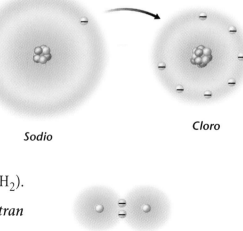

Sodio

Cloro

Hidrógeno diatómico

14	15
6 **C** Carbono 12.011	7 **N** Nitrógeno 14.007
14 **Si** Silicio 28.086	15 **P** Fósforo 30.974
32 **Ge** Germanio 72.61	33 **As** Arsénico 74.922
50 **Sn** Estaño 118.710	51 **Sb** Antimonio 121.75
82 **Pb** Plomo 207.2	83 **Bi** Bismuto 208.980

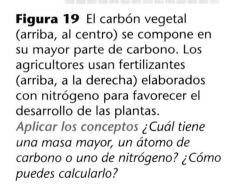

Figura 19 El carbón vegetal (arriba, al centro) se compone en su mayor parte de carbono. Los agricultores usan fertilizantes (arriba, a la derecha) elaborados con nitrógeno para favorecer el desarrollo de las plantas.
Aplicar los conceptos ¿Cuál tiene una masa mayor, un átomo de carbono o uno de nitrógeno? ¿Cómo puedes calcularlo?

Familias de los no metales

Observa la tabla periódica en la Sección 1 o el Apéndice D y busca los grupos de los no metales. Sólo el Grupo 14 contiene exclusivamente no metales. Los demás grupos, como el 14 y el 15, incluyen tres clases de elementos: no metales, metales y otro tipo de elementos llamados metaloides. Por este motivo, los elementos de los Grupos 14 y 15 no son tan parecidos entre sí como los de otros grupos.

La familia del carbono El Grupo 14 se conoce también como la familia del carbono. Cada elemento en la familia del carbono tiene átomos con 4 electrones de valencia. Sólo uno de los elementos es un no metal, que es el carbono mismo. (Los dos elementos siguientes, silicio y germanio, son metaloides. El estaño y el plomo son metales.)

Lo que hace especialmente importante al carbono es su función en la química de la vida. Todos los seres vivos tienen compuestos que forman largas cadenas de átomos de carbono. Los científicos han identificado millones de estos compuestos, algunos de los cuales poseen cadenas de carbono de casi mil millones de átomos. Aprenderás mucho más sobre el carbono y sus compuestos en el siguiente capítulo.

La familia del nitrógeno El Grupo 15, la familia del nitrógeno, contiene elementos con 5 electrones de valencia en sus átomos. Los dos no metales de la familia son el nitrógeno y el fósforo. Para que te familiarices con el nitrógeno, aspira profundamente. La atmósfera se compone casi en 80 por ciento de nitrógeno. En vista de que el nitrógeno en estado gaseoso (N_2) no reacciona tan rápidamente con otros elementos, exhalas tanto nitrógeno como el que respiras.

INTEGRAR LAS CIENCIAS DE LA VIDA

Los seres vivos usan el nitrógeno, pero casi ninguno es capaz de tomar el nitrógeno del aire. Sólo algunas clases de bacterias (criaturas microscópicas) pueden combinar el nitrógeno del aire con otros elementos en un proceso llamado fijación del nitrógeno. Las plantas toman compuestos nitrogenados formados en la tierra por las bacterias. Los agricultores agregan nitrógeno a la tierra en forma de fertilizantes. Como todos los animales, obtienes el nitrógeno que necesitas de los alimentos que consumes, ya sean plantas o animales que comen plantas.

El fósforo es el otro no metal de la familia del nitrógeno. A diferencia del nitrógeno, el fósforo no es estable como elemento aislado. Por esa razón siempre se encuentra en compuestos. La capacidad de reacción del fósforo es una característica aprovechada para fabricar fósforos y luces de bengala.

☑ *Punto clave* ¿Cuáles son los elementos del Grupo 15?

La familia del oxígeno Los elementos del Grupo 16, la familia del oxígeno, tienen 6 electrones de valencia en sus átomos. Por lo general, un átomo del Grupo 16 gana o comparte 2 electrones cuando reacciona. Los tres no metales en la familia del oxígeno son el oxígeno, el azufre y un elemento extraño llamado selenio.

Ahora mismo usas oxígeno. En cada respiración, el oxígeno pasa por tus pulmones y tu torrente sanguíneo, el cual lo distribuye a todo tu cuerpo. No vivirías por mucho tiempo sin un suministro constante de oxígeno. El oxígeno que respiras contiene moléculas diatómicas (O_2). Pero el oxígeno también puede formar moléculas triatómicas (tres átomos), llamadas ozono (O_3). El ozono se acumula en la parte superior de la atmósfera para reflejar la radiación solar dañina.

El oxígeno reacciona con mucha facilidad y puede combinarse con casi cualquier otro elemento. Es el elemento más abundante en la corteza terrestre y el segundo en la atmósfera.

El azufre es el otro no metal común en la familia del oxígeno. Si alguna vez has olido un huevo podrido, entonces estás familiarizado con el olor de muchos compuestos del azufre. Estos compuestos tienen un olor fuerte y desagradable. Puedes encontrar azufre en las ligas, en los neumáticos de los automóviles y en muchos medicamentos.

INTÉNTALO

Muéstrame el oxígeno

¿Cómo puedes comprobar la presencia de oxígeno? **ACTIVIDAD**

1. Vierte alrededor de 3 cm de peróxido de hidrógeno (H_2O_2) en un tubo de ensayo.

2. Agrega una pequeña cantidad de dióxido de manganeso (MnO_2) al tubo de ensayo.

3. Observa el tubo de ensayo por 1 minuto.

4. Cuando tu maestro lo indique, enciende una varita de madera.

5. Apaga la varita después de 5 segundos e introdúcelo de inmediato en el tubo de ensayo. No dejes que la varita se moje.

Observar Describe el cambio que se produjo en el tubo de ensayo. ¿Cómo se comprueba la producción de oxígeno?

16

8
O
Oxígeno
15.999

16
S
Azufre
32.066

34
Se
Selenio
78.96

52
Te
Telurio
127.60

84
Po
Polonio
(209)

Figura 20 Las ligas también se fabrican con azufre. *Interpretar diagramas* ¿Qué elemento está arriba del azufre en la tabla periódica?

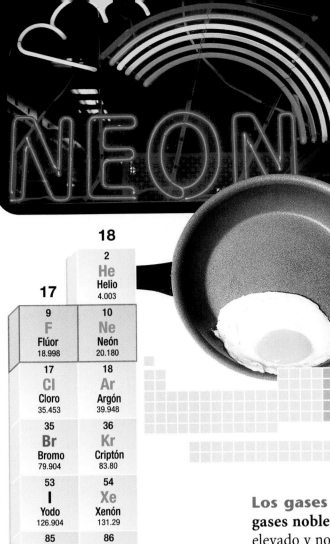

La familia de los halógenos El Grupo 17 incluye el flúor, el cloro, el bromo, el yodo y el astato. Este grupo también es conocido como **familia de los halógenos.** Con excepción de uno, todos los halógenos son no metales, y comparten propiedades similares. Un átomo halógeno tiene 7 electrones de valencia y gana o comparte un electrón cuando reacciona.

Todos los halógenos son muy reactivos, y la mayor parte de ellos son peligrosos para los seres humanos. Pero muchos de los compuestos que forman son también muy útiles. El flúor, el más reactivo de los no metales, se emplea en utensilios de cocina antiadherentes y en compuestos que ayudan a prevenir la caries dental. El cloro debe serte familiar en una de sus formas: la sal común de mesa es un compuesto de sodio y cloro. Otras sales de cloro incluyen el cloruro de calcio, que se utiliza para derretir la nieve en las carreteras. El bromo reacciona con la plata para formar bromuro de plata, un compuesto utilizado en las películas fotográficas.

Figura 21 El flúor halógeno se encuentra en la superficie antiadherente de esta sartén. El flúor es un elemento que reacciona con facilidad, a diferencia del neón, que es un gas noble y se utiliza en la fabricación de anuncios luminosos como éstos. *Relacionar causa y efecto ¿Qué hace tan estable al neón?*

Los gases nobles Los elementos del Grupo 18 se conocen como **gases nobles.** En algunas culturas, los "nobles" mantenían un rango elevado y no trabajaban o se mezclaban con la gente "ordinaria". Los gases nobles se denominan así porque no suelen formar compuestos con otros elementos. Esto se debe a que los átomos de los gases nobles no ganan, ceden o comparten sus electrones de valencia. Como resultado, los gases nobles son muy estables químicamente y no reactivos.

Todos los gases nobles existen en la atmósfera de la Tierra, pero sólo en pequeñas cantidades. Debido a la estabilidad y relativa escasez de los gases nobles, la mayor parte de ellos se descubrió hace poco tiempo, a finales del siglo XIX. El helio fue descubierto por un científico que no estudiaba la atmósfera, sino el Sol.

¿Has utilizado un gas noble? Si has comprado alguna vez un globo con helio, ya lo has hecho. Los gases nobles se utilizaban para fabricar lámparas eléctricas. Este tipo de lámparas se conocen como luces de neón, aun cuando a menudo contienen argón, xenón u otros gases nobles.

Hidrógeno Solo, en la parte superior izquierda de la tabla periódica, está el hidrógeno. El hidrógeno es el elemento más simple, por lo general cada uno de sus átomos posee un solo protón y un electrón. Como sus propiedades químicas son completamente diferentes de las de los demás elementos, no puede agruparse en una familia.

Figura 22 Los diminutos átomos del hidrógeno son muy reactivos.

Cuando los núcleos colapsados tienen suficiente energía, pueden fundirse en un proceso llamado fusión nuclear. En la **fusión nuclear,** los núcleos de los átomos se combinan para formar un núcleo más grande, liberando enormes cantidades de energía en el proceso. **En el interior de las estrellas, la fusión nuclear combina núcleos más pequeños con núcleos más grandes, creando así elementos más pesados.** Por este motivo, puedes considerar a las estrellas como "fábricas de elementos".

☑ *Punto clave* ¿Qué significa "fusión nuclear"?

Los elementos del Sol

¿Cuáles son los pasos de la fusión nuclear en el Sol y otras estrellas? Para dar respuesta a esta pregunta, necesitas observar con más detenimiento los núcleos de los átomos de hidrógeno. Un núcleo de hidrógeno siempre contiene un protón. Sin embargo, algunos tipos de núcleos de hidrógeno pueden contener 2 neutrones, 1 neutrón o ninguno.

En el interior del Sol, los núcleos de hidrógeno sufren una reacción de fusión que produce núcleos de helio, como se aprecia en la Figura 25. Observa que la reacción necesita un tipo de núcleo de hidrógeno que contiene neutrones. Esta forma de hidrógeno es rara en la Tierra, pero es muy común en el Sol.

Cuando dos núcleos de hidrógeno se fusionan, liberan una gran cantidad de energía. De hecho, esta reacción es la fuente principal de la energía que produce ahora el Sol. Aunque llegará un día en que el Sol se quede sin hidrógeno, los científicos estiman que existe suficiente hidrógeno en el Sol como para otros 5 mil millones de años.

Conforme se acumula el helio en el interior del Sol, la temperatura y el volumen también cambian. Estos cambios permiten que ocurran diferentes reacciones de fusión nuclear. Cuando dos o más núcleos de helio se combinan, se forman los núcleos de otros elementos más pesados. Primero, se combinan dos núcleos de helio y forman un núcleo de berilio. Luego, otro núcleo de helio se une al núcleo de berilio para formar un núcleo de carbono. El núcleo de helio incluso puede unirse a otro núcleo de carbono,

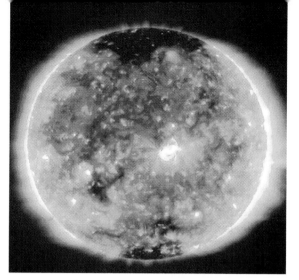

Figura 24 Si no existiera la fusión nuclear en el interior del Sol, no habría luz en la Tierra. *Predecir* *¿Qué pasará dentro de 5 mil millones de años cuando el hidrógeno del Sol se agote?*

Figura 25 En el proceso de fusión nuclear, los núcleos de hidrógeno se combinan, produciendo helio y enormes cantidades de energía.

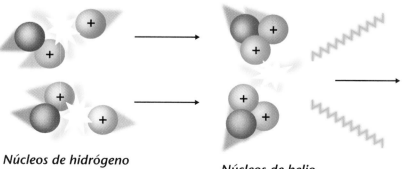

Núcleos de hidrógeno
(con y sin neutrones)

Núcleos de helio
(un neutrón en cada uno)

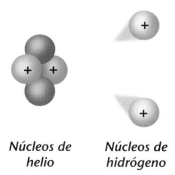

Núcleos de helio

Núcleos de hidrógeno

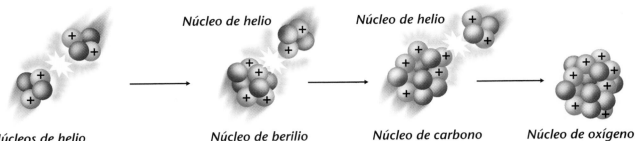

Núcleos de helio → Núcleo de helio → Núcleo de helio

Núcleos de helio   Núcleo de berilio   Núcleo de carbono   Núcleo de oxígeno

Figura 26 Reacciones de fusión nuclear en serie forman núcleos más grandes que el helio. *Interpretar diagramas ¿Qué elementos se forman?*

formando así oxígeno. Pero estrellas del tamaño del Sol no poseen suficiente energía para producir elementos más pesados que el oxígeno.

Elementos de las estrellas más grandes

A medida que envejecen, las estrellas más grandes se vuelven más calientes que el Sol. Estas estrellas tienen suficiente energía para producir elementos más pesados, como el magnesio y el silicio. En las estrellas de mayor masa, la fusión continúa hasta que el núcleo es casi de hierro.

¿Cómo se producen elementos más pesados que el hierro? Los científicos han observado en la última etapa de la vida de las estrellas de mayor masa, un acontecimiento que han denominado supernova. Una **supernova** es una tremenda explosión que desintegra una estrella masiva, lo cual produce temperaturas superiores a mil millones de grados Celsius. Una supernova proporciona la energía suficiente para producir reacciones de fusión nuclear capaces de generar elementos más pesados.

Muchos astrónomos creen que la materia del Sol y los planetas que orbitan alrededor de éste, se formaron con la explosión de una supernova gigantesca hace miles de millones de años. De ser cierto, toda la materia que te rodea pudo haber tenido su origen en una estrella. Eso significa que la materia en la Tierra se forma de polvo de estrellas.

Figura 27 Cuando las estrellas masivas explotan y se convierten en supernovas, liberan tanta energía que se forman elementos más pesados.

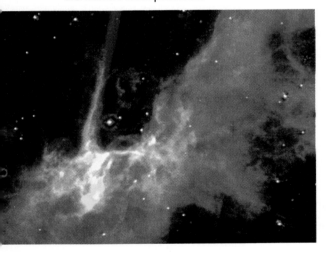

Repaso de la sección 4

1. ¿Cómo produce la fusión nuclear nuevos elementos?
2. ¿Qué tipo de fusión nuclear ocurre en estrellas como el Sol?
3. ¿En qué se parece la fusión nuclear del Sol con la fusión que ocurre en las estrellas más grandes y las supernovas?
4. **Razonamiento crítico Inferir** El plasma no se encuentra de manera natural en la Tierra. ¿Por qué crees que sucede esto?

PROYECTO DEL CAPÍTULO 3

Comprueba tu aprendizaje
Con el permiso de tu maestro, analiza las muestras de metal. Anota los resultados de cada prueba. Si no puedes medir una propiedad con valores exactos, utiliza un sistema de evaluación más generalizado. Por ejemplo, puedes describir cada metal como algo que muestra cierta propiedad muy bien, más o menos, poco o nada.

SECCIÓN 1 — Organizar los elementos

Ideas clave

- Mendeleev desarrolló la primera tabla periódica de los elementos. Las propiedades de un elemento pueden predecirse por su ubicación en la tabla periódica.
- Cada casilla de la tabla periódica contiene información sobre un elemento, incluyendo a menudo su número atómico, su símbolo químico, su nombre y su masa atómica.
- El cuerpo principal de la tabla periódica está ordenado en 18 columnas, llamadas grupos, y 7 líneas, llamadas periodos.
- Las propiedades de cada elemento pueden predecirse por su ubicación en la tabla periódica.

Términos clave

masa atómica	número atómico
tabla periódica	símbolo químico
núcleo	grupo
protón	familia
neutrón	periodo
electrón	electrón de valencia
unidad de masa atómica (uma)	

SECCIÓN 2 — Metales

Ideas clave

- La mayoría de los elementos son metales. Los metales se encuentran a la izquierda de la línea quebrada que divide la tabla periódica.
- La reactividad de los metales disminuye a medida que te mueves de izquierda a derecha en la tabla periódica.

Términos clave

maleable	aleación
dúctil	metal alcalino
conductor	metal alcalinotérreo
magnético	metal de transición
reactividad	lantánido
corrosión	actínido

SECCIÓN 3 — No metales y metaloides

Ideas clave

- Hay 17 no metales, cada uno de los cuales se localiza a la derecha de la línea quebrada que divide la tabla periódica.
- Los no metales carecen de las propiedades características de los metales. Los no metales son opacos, frágiles y malos conductores. Los no metales pueden reaccionar con los metales o con otros no metales.
- Entre los metales y los no metales hay 7 elementos llamados metaloides. Los metaloides tienen algunas características de los metales y otras de los no metales.

Términos clave

no metal
gas noble
molécula diatómica
metaloide
familia de los halógenos
semiconductor

SECCIÓN 4 — Elementos del polvo de estrellas

INTEGRAR LAS CIENCIAS DEL ESPACIO

Ideas clave

- En el interior de las estrellas, la fusión nuclear genera núcleos de diferentes elementos.
- En estrellas como el Sol, los núcleos de hidrógeno se combinan y forman un núcleo de helio. Luego, otras reacciones de fusión generan núcleos de berilio, carbono y oxígeno.
- En una supernova, es decir, en la explosión de una estrella de enorme masa, se producen elementos más pesados que el hierro.

Términos clave

plasma	fusión nuclear	supernova

USAR LA INTERNET

ACTIVIDAD

www.science-explorer.phschool.com

Revisar el contenido

Para repasar los conceptos clave, consulta el Interactive Student Tutorial CD-ROM.

Opción múltiple

Elige la letra que complete mejor cada enunciado.

1. En la tabla periódica actual, los elementos están ordenados por
   a. masa atómica.
   b. número atómico.
   c. su capacidad de enlace con el oxígeno.
   d. el número de neutrones en sus núcleos.

2. Una línea horizontal de la tabla periódica se llama
   a. periodo.   b. familia.
   c. grupo.   d. gas noble.

3. De los siguientes, el grupo que contiene los elementos más reactivos es el de
   a. los metales alcalinos.
   b. los metales alcalinotérreos.
   c. los metales de transición.
   d. los gases nobles.

4. A diferencia de los metales, muchos de los no metales son
   a. buenos conductores de calor y electricidad.
   b. maleables y dúctiles.
   c. gases a temperatura ambiente.
   d. brillantes.

5. En el interior del Sol, la fusión nuclear crea
   a. núcleos de oxígeno.   b. núcleos de neón.
   c. núcleos de carbono.   d. núcleos de hidrógeno.

Falso o verdadero

Si el enunciado es verdadero, escribe verdadero. Si es falso, cambia la palabra o palabras subrayadas para hacer verdadero el enunciado.

6. A Dmitri Mendeleev se le acredita haber desarrollado la primera tabla periódica.

7. Los halógenos son un ejemplo de la familia de los metales.

8. Los metales alcalinos comprenden el hierro, el cobre, la plata y el oro.

9. Los gases nobles por lo general se encuentran en forma de compuestos.

10. En las elevadas temperaturas de las estrellas, los electrones se separan de los núcleos. Esto forma una fase densa de la materia llamada un gas.

Revisar los conceptos

11. ¿Por qué dejó Mendeleev tres espacios en blanco en su tabla periódica? ¿Qué explicación dio a los tres espacios en blanco?

12. ¿Por qué los elementos de un grupo en la tabla periódica tienen propiedades similares?

13. Enumera cinco metales distintos. Da ejemplos de cómo se utiliza cada uno.

14. Enumera cinco no metales distintos. Da ejemplos de cómo se utiliza cada uno.

15. ¿Cómo podrías encontrar el argón en su forma pura en la naturaleza?

16. **Escribir para aprender** Imagina que eres Dmitri Mendeleev y acabas de presentar la primera tabla periódica. Escribe una carta a un colega científico en la que le describas la tabla y su valor.

Razonamiento gráfico

17. **Red de conceptos** En una hoja de papel, copia la red de conceptos sobre la tabla periódica. Después complétala y ponle un título. (Para más información acerca de las redes de conceptos, consulta el Manual de destrezas.)

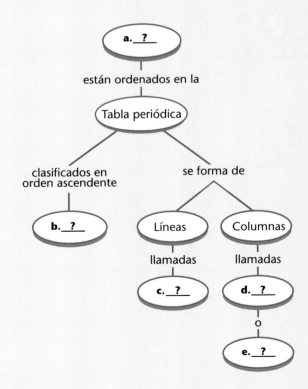

Aplicar las destrezas

La tabla de la derecha enumera las propiedades de cinco elementos. Utiliza la información para responder las Preguntas 18–20.

18. Clasificar Clasifica cada elemento de la tabla como metal o no metal. Explica tus respuestas.

19. Inferir Los elementos B y C poseen una masa atómica cercana a 40. ¿Por qué dos elementos diferentes tienen masas atómicas similares?

20. Sacar conclusiones Utiliza la tabla periódica para identificar los cinco elementos.

Propiedades de cinco elementos			
Elemento	Apariencia	Masa atómica	Conduce electricidad
A	Gas invisible	14.0	No
B	Gas invisible	39.9	No
C	Sólido duro y plateado	40.0	Sí
D	Líquido plateado	200.6	Sí
E	Sólido brillante y blanco azuloso	207.2	Ligeramente

Razonamiento crítico

21. Interpretar diagramas Su átomo contiene 74 protones, 74 electrones y 108 neutrones. ¿De qué elemento se trata?

22. Comparar y contrastar Compara y contrasta los metales, los no metales y los metaloides. Agrega al menos dos ejemplos de cada clase de elemento.

23. Sacar conclusiones Un estudiante de química afirma haber aislado un elemento. El estudiante plantea que el nuevo elemento posee propiedades similares al flúor y al cloro, y argumenta que podría colocarse entre el flúor y el cloro en la tabla periódica. ¿Ha descubierto un nuevo elemento? Explícalo.

24. Hacer modelos Dibuja el modelo de un núcleo de carbono (6 protones, 6 neutrones) que se fusiona con un núcleo de helio (2 protones, 2 neutrones). Suponiendo que todos los protones y los neutrones se combinan dentro del nuevo núcleo, ¿cuál es la identidad del nuevo elemento?

Evaluación del rendimiento

PROYECTO DEL CAPÍTULO 3

Para terminar

Presenta tu proyecto Presenta tu tabla en la que compares y contrastes los metales que estudiaste. Prepárate para analizar las propiedades comunes a todos los metales y las propiedades que sólo se presentan en algunos de ellos. Trata de adivinar el tipo de preguntas que tu maestro u otros estudiantes puedan hacerte.

Reflexiona y anota En tu diario, escribe acerca de otras propiedades de los metales que no hayas analizado. Piensa en un conjunto de propiedades que necesitarías examinar para determinar si un elemento desconocido es un metal.

Participa

En tu comunidad Busca en algún periódico local nombres de elementos. Lee los artículos o los anuncios donde se mencione algún elemento.

¿Alguno de los elementos es de especial importancia para tu comunidad? De ser así, explica por qué. ¿Se presentan algunos de manera positiva mientras que otros se presentan en forma negativa? ¿Han adquirido los nombres de algunos elementos otros significados?

4 Química del carbono

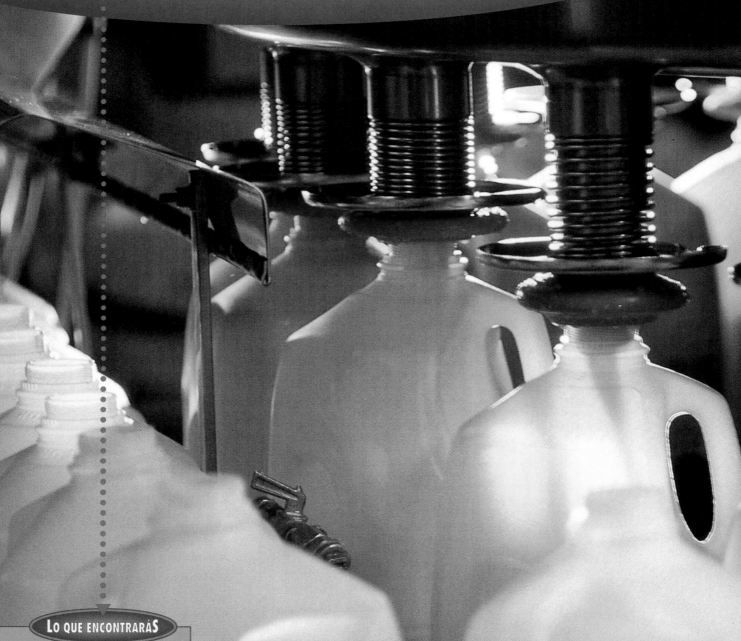

LO QUE ENCONTRARÁS

Integrar las ciencias de la vida

Revisa la prueba final

Cuando ves una botella de leche, ¿piensas en mezclas o en compuestos? Probablemente no. Pero todas las sustancias —la leche además de su botella de plástico—, están hechas de químicos. El plástico y muchos de los compuestos de la leche contienen el elemento carbono. De hecho, todos los alimentos que consumes y bebes contienen compuestos de carbono. En este proyecto, verás en detalle las etiquetas de varios empaques de alimentos en busca de compuestos de carbono.

Tu objetivo Identificar los compuestos de carbono en diferentes alimentos.

Para completar este proyecto tendrás que:
◆ recolectar al menos una docena de etiquetas con listas de ingredientes e información nutrimental
◆ identificar los compuestos de carbono listados, además de las sustancias que no contengan carbono
◆ interpretar la información nutrimental en las etiquetas para comparar las cantidades de sustancias en cada alimento
◆ clasificar los compuestos de los alimentos en categorías de polímeros que se encuentren en los seres vivos

Para empezar Analiza con tus compañeros de clase los tipos de alimentos empaquetados que quieran examinar. ¿De qué tipos de alimento será más fácil obtener etiquetas de nutrición?

Comprueba tu aprendizaje Trabajarás en este proyecto mientras estudias el capítulo. Para mantener tu proyecto en marcha, revisa los cuadros de Comprueba tu aprendizaje en los puntos siguientes:
Repaso de la Sección 1, página 115: Recopila etiquetas de alimentos y localiza la información nutrimental.
Repaso de la Sección 3, página 133: Identifica y clasifica los compuestos de los alimentos.

Para terminar Al final del capítulo (página 139), presentarás una tabla con tus hallazgos acerca de las sustancias químicas de los alimentos.

Tanto las botellas en esta planta embotelladora como la leche en ellas incluyen compuestos de carbono.

1 Enlaces químicos del carbono

¿Por qué escriben los lápices?

1. Corta papel en pedazos de unos 5 cm × 5 cm. Frota de arriba abajo dos pedazos entre los dedos.

2. Ahora frota la mina de un lápiz (el grafito) en uno de los lados de cada pedazo de papel. Trata de depositar la mayor cantidad de grafito posible en el papel.

3. Frota los dos pedazos de papel de manera que se toquen los lados cubiertos de grafito.

4. Cuando termines, lávate las manos.

Reflexiona sobre

Observar ¿Observaste alguna diferencia en lo que viste en el Paso 1 y el Paso 3? ¿Cómo se utilizarían las propiedades que observaste del grafito con otros propósitos distintos de los de hacer una mina para lápiz?

GUÍA DE LECTURA

◆ ¿Por qué el carbono forma una enorme variedad de compuestos?

◆ ¿Cuáles son las distintas formas de carbono puro?

Sugerencia de lectura Antes de leer, enumera las características del elemento carbono que ya conoces. Amplía tu lista conforme leas.

Abre la boca y di "aaaa". ¡Caray, tienes una pequeña cavidad! ¿Sabes qué pasará después? Tus dientes necesitan una amalgama. Pero, antes, la fresa del dentista saca la parte cariada de tu diente.

¿Por qué la fresa de un dentista es dura y filosa para perforar en el diente? La respuesta comienza con el elemento carbono. La punta de la fresa está hecha de diamante, una forma de carbono y la sustancia más dura de la Tierra. Como tiene una punta de diamante, la fresa de un dentista permanece afilada y útil. Para entender por qué el diamante es una sustancia tan resistente, necesitas observar de cerca el átomo de carbono y los enlaces que forma.

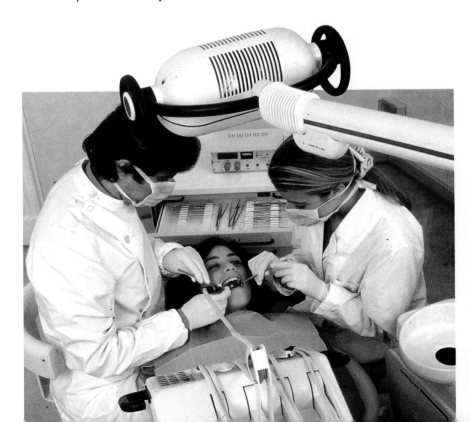

Figura 1 La punta de la fresa de un dentista está hecha de diamante, una forma de carbono.

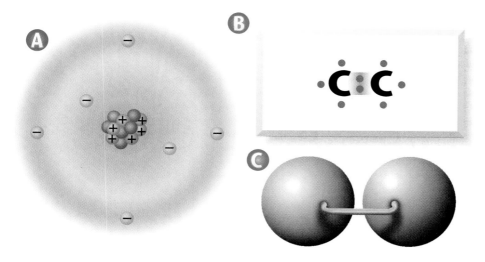

Figura 2 El número atómico del carbono es 6. **A.** Cada átomo de carbono posee cuatro electrones de valencia. **B.** Los electrones de valencia pueden presentarse como puntos alrededor de los símbolos químicos. **C.** Un enlace engancha dos átomos. *Interpretar diagramas* *¿Cuántos electrones de valencia participan en un enlace?*

El átomo de carbono y sus enlaces

Recuerda que el número atómico del carbono es 6. Esto significa que el núcleo de un carbono posee 6 protones. Alrededor del núcleo hay 6 electrones. De ellos, cuatro son electrones de valencia: los electrones disponibles para el enlace.

Como aprendiste, un enlace químico es la fuerza que mantiene juntos a dos átomos. Puedes pensar en los dos átomos como si estuvieran enganchados uno con otro. El enlace químico entre dos átomos lo forman los electrones de valencia. Dos átomos ganan, ceden o comparten electrones de valencia de manera que casi siempre permanecen estables. La transferencia o el compartir electrones de valencia crea enlaces químicos.

Los átomos de todos los elementos (excepto los gases nobles) forman enlaces químicos. **Pero sólo unos cuantos elementos poseen la capacidad del carbono de enlazarse de maneras distintas, tanto con ellos mismos como con otros elementos.**

Los átomos de carbono forman más enlaces que la mayoría de los demás átomos. Con cuatro electrones de valencia, cada átomo de carbono es capaz de formar cuatro enlaces. En comparación, el hidrógeno, el oxígeno y el nitrógeno sólo pueden formar uno, dos o tres enlaces. Con cuatro enlaces por cada carbono, es posible formar sustancias con muchos átomos de carbono, incluso miles de ellos.

Como puedes ver en la Figura 3, es posible ordenar el mismo número de átomos de carbono de diferentes maneras. Los átomos de carbono pueden formar cadenas lineales, ramificadas y anillos. Incluso, a veces redes de dos o más anillos de carbono están unidas.

☑ *Punto clave* ¿*Cuántos enlaces puede formar un átomo de carbono?*

Figura 3 Estas cadenas y anillos de carbono forman la columna vertebral de las moléculas. En estas moléculas, los átomos de otros elementos están enlazados a los carbonos.

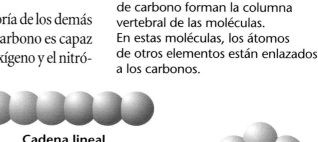

Cadena lineal

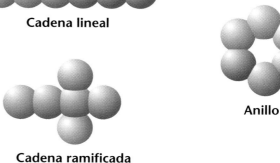

Cadena ramificada

Anillo

Figura 4 Los átomos de carbono en un diamante tienen un ordenamiento de estructura de cristal. Los diamantes de esta fotografía aún no han sido ni cortados ni pulidos por un joyero.

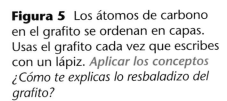

Figura 5 Los átomos de carbono en el grafito se ordenan en capas. Usas el grafito cada vez que escribes con un lápiz. *Aplicar los conceptos ¿Cómo te explicas lo resbaladizo del grafito?*

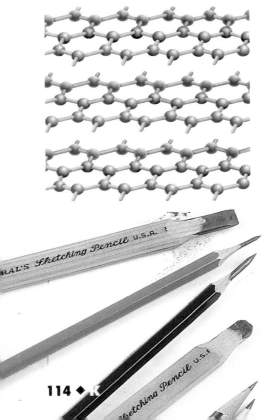

Formas de carbono puro

Debido a los enlaces que forma, el carbono puro puede encontrarse en distintas modalidades. **Diamante, grafito y fulereno son tres formas del elemento carbono.**

Diamante El mineral más duro, el **diamante**, se forma en la profundi-

INTEGRAR LAS
CIENCIAS DE LA TIERRA

dad de la Tierra. A temperaturas y presiones muy elevadas los átomos de carbono forman cristales. Cada átomo de carbono se enlaza con firmeza a otros cuatro átomos de carbono. El resultado es un sólido extremadamente duro y no reactivo. El punto de fusión del diamante está sobre los 3,500°C. Esto es tan caliente como las temperaturas de la superficie de algunas estrellas.

Los diamantes son muy apreciados por su brillantez y transparencia cuando se cortan como joyas. Pueden tener colores si hay restos de otros elementos en los cristales. Los químicos industriales son capaces de hacer diamantes artificialmente, pero estos diamantes no son tan hermosos como para utilizarse como joyas. Como muchos diamantes naturales, los artificiales sólo se usan en la industria. Los diamantes funcionan bien en las herramientas de corte, como las fresas de los taladros.

Grafito Cada vez que escribes con un lápiz, dejas una capa de carbón en el papel. La "mina" del lápiz es en realidad **grafito,** otra forma del elemento carbono. En el grafito, los átomos de carbono se enlazan con firmeza para formar capas planas. Sin embargo, los enlaces que unen las capas son muy débiles, de manera que el deslizamiento de las capas pasa de una a otra con facilidad.

Pasa los dedos sobre marcas de lápiz y podrás ver lo resbaloso que es el grafito. Si hiciste la actividad de Descubre habrás observado esta propiedad. Como es tan resbaloso, el grafito constituye un excelente lubricante en las máquinas. El grafito reduce la fricción entre las partes móviles. En tu casa tal vez uses un rociador de grafito para ayudar a que una llave funcione mejor en una cerradura pegajosa.

$$H-\overset{\displaystyle O}{\overset{\|}{C}}-OH$$

HCOOH
Ácido fórmico

Figura 14 El ácido fórmico es el ácido orgánico más simple. Es el ácido producido por las hormigas y es responsable del dolor provocado por una mordedura de hormiga.

"gasohol". El etanol se emplea en medicamentos y se encuentra en bebidas alcohólicas.

El etanol empleado con propósitos industriales es peligroso si uno lo bebe. Los compuestos venenosos, como el metanol, han sido prohibidos. La mezcla venenosa resultante se llama alcohol desnaturalizado.

Ácidos orgánicos Dale un mordisco a un limón, una naranja o una toronja. Estas frutas saben algo amargas o ácidas, ¿no te parece? El sabor amargo de muchas frutas proviene del ácido cítrico, un ácido orgánico. Un **ácido orgánico** es un hidrocarburo de sustitución que contiene uno o más del siguiente grupo de átomos: –COOH. Cada –COOH se llama **grupo carboxilo.**

Puedes hallar ácidos orgánicos en muchos alimentos. El ácido acético (CH_3COOH) es el ingrediente principal del vinagre. El ácido málico se halla en las manzanas. El ácido butírico hace que la mantequilla huela rancio.

Las ortigas generan ácido fórmico (HCOOH), el compuesto que hace que la planta pique. El dolor de las mordeduras de hormiga también proviene del ácido fórmico.

Ésteres

Si se combinan químicamente un alcohol y un ácido orgánico, el compuesto resultante se llama **éster.** Muchos ésteres poseen olores agradables y afrutados. Si has probado los dulces de gaulteria, entonces estás familiarizado con el olor de un éster. Los ésteres son también responsables de los olores de la piña, el plátano, la fresa y la manzana. Si realizaste la actividad de Descubre, oliste distintos ésteres. Otros ésteres son ingredientes de medicamentos, incluida la aspirina y la novocaína que utilizan los dentistas.

☑ *Punto clave* ¿Qué átomos hay en un grupo carboxilo?

Figura 15 Los ésteres son responsables del aroma agradable y del sabor de esta malteada de fresa.

Polímeros

Monómeros

Figura 16 Las cadenas de monómeros que constituyen las moléculas de los polímeros son algo como estas cadenas de cuentas de plástico. Los polímeros naturales incluyen la lana trasquilada de esta oveja.
Comparar y contrastar ¿En qué difieren las moléculas de los polímeros de las moléculas de los monómeros?

Polímeros

Los compuestos orgánicos (como alcoholes, ésteres y otros) pueden encadenarse y elaborar moléculas gigantescas con miles o hasta millones de átomos. Una molécula muy grande formada por una cadena de muchas moléculas más pequeñas enlazadas se llama **polímero**. Las moléculas más pequeñas —los vínculos que forman la cadena— se llaman **monómeros**. El prefijo *poli-* significa "muchos", y el prefijo *mono-* quiere decir "uno".

Algunos polímeros son naturalmente producidos por seres vivos. Por ejemplo, la oveja genera lana, unas plantas producen algodón y ciertos gusanos segregan seda. En la Sección 3 aprenderás acerca de los polímeros naturales que comes. Otros polímeros, llamados **sintéticos,** son manufacturados o sintetizados en fábricas. Si vistes ropa hecha de poliéster o nailón, ¡llevas puesto un polímero sintético en este preciso instante! Y muchos artículos de plástico que utilizas son hechos seguramente de polímeros sintéticos.

Repaso de la sección 2

1. Haz una lista de las propiedades comunes en la mayoría de los compuestos orgánicos.
2. Describe las diferentes clases de cadenas de carbono que hay en los hidrocarburos.
3. ¿Qué es un hidrocarburo de sustitución? Indica cuatro ejemplos de hidrocarburos de sustitución.
4. **Razonamiento crítico Resolver problemas** Recibes dos materiales sólidos, uno orgánico y otro inorgánico. Describe tres pruebas que puedas llevar a cabo para ayudar a decidir cuál es cuál.

Las ciencias en casa

Puedes preparar un sencillo aderezo para ensaladas a fin de demostrar una de las propiedades de los compuestos orgánicos. En un recipiente transparente mezcla perfectamente cantidades iguales de aceite vegetal y jugo de frutas. Deja de mezclarlos y observa por varios minutos la mezcla de aceite y jugo. Explica tus observaciones a tu familia.

SECCIÓN 3 Vida con carbono

DESCUBRE

ACTIVIDAD

¿Qué hay en la leche?

1. Vierte 30 ml de leche en una taza de plástico.

2. Vierte otros 30 ml de leche en una segunda taza de plástico. Lava la probeta graduada. Mide 15 ml de vinagre y agrégalo a la segunda taza. Revuelve los dos líquidos y deja reposar la mezcla por un minuto.

3. Prepara dos embudos con filtro de papel, uno sobre cada taza de plástico angosta.

4. Filtra la leche por el primer embudo. Filtra la leche con vinagre en el segundo embudo.

5. ¿Qué residuos hay en cada filtro de papel? Examina el líquido que pasó por cada filtro de papel.

Reflexiona sobre

Observar ¿Dónde viste evidencias de sólidos? ¿Cuál piensas que sea la fuente de estos sólidos?

¿Alguna vez te han dicho que te comas todos los compuestos orgánicos de tu plato? ¿Has oído que alimentarse de una diversidad de polímeros y monómeros contribuye a la buena salud? ¿Qué? ¿Nadie te lo ha dicho? Bueno, tal vez has escuchado algo como "cómete todas las verduras que hay en tu plato". O que necesitas comer una gran variedad de alimentos para tener un equilibrio saludable de carbohidratos, proteínas, grasas y otros nutrimentos. Los compuestos orgánicos son los elementos básicos de todos los seres vivos. Los alimentos proporcionan compuestos orgánicos que las células de los seres vivos utilizan o cambian.

GUÍA DE LECTURA

◆ ¿Cuáles son las cuatro principales clases de polímeros en los seres vivos?

◆ ¿Cómo difieren los polímeros de los seres entre sí?

Sugerencia de lectura Antes de leer reescribe cada encabezado a manera de pregunta. Luego, lee para que respondas las preguntas.

Figura 17 Esta barra de ensaladas ofrece diversas mezclas sabrosas de compuestos orgánicos que puedes comer.

Artes del lenguaje

CONEXIÓN

La publicidad puede influir en tu elección de alimentos. A menudo los anuncios presentan a una familia sonriente y de aspecto saludable que disfruta de un alimento. Los comerciales de televisión pueden servirse del humor y la música animada para hacer más atractivos los alimentos. A veces, los anuncios destacan ciertos nutrimentos. O bien, ignoran el pobre valor nutrimental del producto.

En tu diario

Recopila varios anuncios de alimentos de revistas y observa algún comercial de televisión. ¿Qué indican los anuncios sobre los nutrimentos? ¿Qué destacan? ¿Qué pasan por alto? Elige un anuncio y reescríbelo para analizar el valor nutritivo del producto.

Figura 18 Los carbohidratos y otros polímeros en los alimentos son fuentes de energía para estos corredores de campo traviesa. La glucosa es un carbohidrato simple. *Interpretar diagramas ¿Qué elementos componen una molécula de glucosa?*

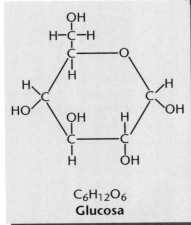

$C_6H_{12}O_6$
Glucosa

Nutrimento de los alimentos

Los **nutrimentos** son sustancias que aportan la energía y materia prima que necesita el cuerpo para crecer, restablecer partes gastadas y funcionar adecuadamente. La mayoría de los nutrimentos en los alimentos son compuestos orgánicos. Muchos nutrimentos son moléculas grandes y en forma de cadena llamados polímeros. Cada eslabón de la cadena es una pequeña molécula llamada monómero.

El cuerpo puede descomponer las grandes moléculas del alimento en pequeñas moléculas. El proceso de descomposición de los polímeros en monómeros, que comprende cambios químicos, tiene el nombre conocido de **digestión.**

Luego de digerir el alimento, el cuerpo descompone algunos de los monómeros, los cuales liberan energía. El cuerpo toma otros monómeros y los reúne en polímeros que se ajustan a la química específica del cuerpo. **Las cuatro clases de polímeros que se encuentran en todos los seres vivos son carbohidratos, lípidos, proteínas y ácidos nucleicos.**

☑ *Punto clave ¿Cómo utiliza tu cuerpo los nutrimentos?*

Carbohidratos

Un **carbohidrato** es un compuesto orgánico rico en energía formado de los elementos carbono, hidrógeno y oxígeno. La palabra *carbohidrato* se compone de dos partes: *carbo-* e *-hidrato. Carbo-* significa "carbono" e *-hidrato* quiere decir "combinado con agua". Si recuerdas que el agua está formada por los elementos hidrógeno y oxígeno, entonces recordarás los tres elementos de los carbohidratos.

Figura 19 Las uvas y la miel contienen azúcares.

Carbohidratos simples Los carbohidratos más simples son los azúcares. Tal vez te sorprenda leer que hay muchos tipos de azúcares. Por ejemplo, el azúcar que aparece en las recetas de los pasteles, que compras en bolsa o caja en la tienda de comestibles, es sólo un tipo. Otros azúcares se encuentran de manera natural en frutas, leche y algunas verduras.

Uno de los azúcares más importantes en tu cuerpo es la **glucosa.** Su fórmula molecular es $C_6H_{12}O_6$. La glucosa a veces es llamada "azúcar de la sangre" pues el cuerpo hace que la glucosa recorra todo el cuerpo por medio de la sangre. La fórmula desarrollada plana de una molécula de glucosa se muestra en la Figura 18.

El nombre del azúcar blanco que endulza galletas, dulces y muchas bebidas gaseosas es sacarosa. Es una molécula mucho más compleja que la glucosa y tiene la fórmula molecular $C_{12}H_{22}O_{11}$.

Carbohidratos complejos Cuando consumes plantas o productos alimenticios hechos de plantas, ingieres generalmente carbohidratos complejos. Cada molécula de un carbohidrato simple o azúcar es relativamente pequeña en comparación con la molécula de un carbohidrato complejo. Un **carbohidrato complejo** es una larga cadena de carbohidratos simples enlazados entre sí. Muchos carbohidratos complejos son grandes polímeros formados por monómeros de glucosa.

Dos de los carbohidratos complejos armados a partir de moléculas de glucosa son el almidón y la celulosa. **El almidón y la celulosa están constituidos por los mismos monómeros de glucosa, pero el ordenamiento de los monómeros es diferente en cada caso.** Por lo tanto, el almidón y la celulosa son compuestos distintos. Sirven para diferentes funciones en las plantas que los forman. El cuerpo también se vale del almidón de los alimentos de manera muy distinta de como emplea la celulosa.

Figura 20 Los alimentos con almidón (izquierda) proporcionan energía. Los alimentos ricos en celulosa (derecha) proporcionan fibra. *Interpretar fotografías Da ejemplos de alimentos ricos en almidón y alimentos ricos en celulosa.*

Almidón Las plantas almacenan energía en forma de **almidón**, un carbohidrato complejo. Puedes encontrar el almidón en alimentos hechos con granos de trigo, como pan, cereal y pastas. El almidón se halla también en arroz, tomate rojo y otras legumbres. El organismo digiere las grandes moléculas de almidón de estos alimentos, en moléculas de glucosa individuales. Luego el organismo descompone la glucosa y libera la energía.

Celulosa Las plantas forman fuertes tallos y raíces con el carbohidrato complejo **celulosa** y otros polímeros. Si mascas un tallo de apio, tendrás una idea de lo que es la celulosa. La mayoría de frutas, verduras y frutas secas tienen un contenido alto en celulosa, igual que los alimentos hechos de granos. Aun cuando el organismo puede descomponer el almidón, no puede descomponer la celulosa y convertirla en moléculas individuales de glucosa. Por lo tanto, el organismo no utiliza la celulosa como fuente de energía. De hecho, cuando comes alimentos con celulosa, las moléculas pasan sin ser digeridas. Sin embargo, esta celulosa sin digerir ayuda a mantener activo y saludable a tu tracto digestivo. A la celulosa a veces la llaman fibra.

☑ *Punto clave* ¿Qué es la celulosa?

Proteínas

Si las proteínas de tu cuerpo desaparecieran de pronto, ¡no te quedaría mucho cuerpo! Las proteínas forman tus músculos, cabello, piel y uñas. Las plumas de una ave, la tela de una araña, las escamas de un pez y los cuernos de los rinocerontes también se forman de proteínas.

Cadenas de aminoácidos Los polímeros llamados **proteínas** están hechos de compuestos orgánicos llamados aminoácidos. Esto es que los **aminoácidos** son los monómeros en una molécula de proteína. **A diferencia de los azúcares en los carbohidratos complejos, los monómeros en una proteína no son exactamente iguales. ¡De hecho, hay 20 diferentes tipos de aminoácidos!**

Los aminoácidos están formados de carbono, nitrógeno, oxígeno, hidrógeno, y a veces por sulfuro. La estructura de la valina, un aminoácido, se muestra en la Figura 21. Cada molécula de aminoácido posee un grupo carboxilo (-COOH), como otros ácidos orgánicos. La partícula *ácido* del término *aminoácido* viene de "ácido orgánico". Un grupo amino (-NH$_2$) es el origen de la mitad *amino* del término.

Los seres vivos producen una gran variedad de proteínas. Cada molécula de proteína puede contener una combinación de cientos de aminoácidos. Con 20 tipos de aminoácidos, millones de combinaciones de aminoácidos son posibles.

Las proteínas del alimento pasan a ti Algunas de las mejores fuentes de proteína incluyen carne, pescado, huevos y leche o productos lácteos. Algunos productos vegetales como los frijoles son buenas fuentes de proteínas también. Si realizaste la actividad de Descubre, utilizaste vinagre para separar proteínas de la leche.

El organismo consume proteínas de los alimentos para formar y restablecer partes del cuerpo. Pero antes, el organismo debe descomponer los polímeros de proteínas en monómeros. Recuerda que el almidón se digiere en moléculas de glucosa individuales. Del mismo modo, las proteínas se digieren en forma de aminoácidos individuales. Después el organismo reúne tales aminoácidos en miles de proteínas.

Valina

Figura 21 Estos alimentos son buenas fuentes de proteínas. Los polímeros de la proteína se forman de largas cadenas de aminoácidos. La valina es un ejemplo de un aminoácido.

Figura 22 Las etiquetas de algunas botellas de aceite de cocina indican que su contenido de grasas saturadas es bajo o que su contenido en aceites poliinsaturados es alto. Estos alimentos (derecha) tienen un gran contenido de grasas animales o aceites vegetales. *Clasificar ¿Qué clase de compuestos orgánicos incluye grasas y aceites?*

Lípidos

Una tercera clase de compuestos orgánicos en los seres vivos son los lípidos. Como los carbohidratos, los **lípidos** son polímeros ricos en energía hechos de carbono, oxígeno e hidrógeno. Los lípidos incluyen grasas, aceites, ceras y colesterol. **Gramo por gramo, los lípidos almacenan más del doble de energía que los carbohidratos.** Los lípidos se comportan un poco como los hidrocarburos —los compuestos de carbono e hidrógeno sobre los que leíste en la Sección 2—. No se mezclan bien con el agua.

Grasas y aceites ¿Alguna vez has manchado tu ropa con alimentos que contienen grasas o aceites? Las grasas se encuentran en alimentos como la carne, la mantequilla y el queso. Los aceites se encuentran en alimentos como los aceites de maíz, girasol, cacahuate y oliva.

Quizá has observado una diferencia importante entre las grasas y los aceites. A temperatura ambiente, las grasas suelen ser sólidas, mientras que los aceites son líquidos. Las grasas como la mantequilla tienen que calentarse para derretirse. La temperatura a la que una grasa o aceite se convierte en líquido depende de su estructura química. Cada molécula de grasa o aceite se compone de tres monómeros de **ácidos grasos** y un monómero de alcohol llamado glicerol, como se aprecia en *Explorar los polímeros de la vida.* Una molécula de ácido graso es un ácido orgánico que contiene una larga cadena de hidrocarburos.

Las grasas y los aceites se describen como "saturados" y "no saturados". Los hidrocarburos saturados y los ácidos grasos de las grasas saturadas no tienen enlaces dobles entre átomos de carbono. Los ácidos grasos de los aceites monoinsaturados tienen un solo enlace doble. Los ácidos grasos de los aceites poliinsaturados contienen muchos enlaces dobles. (Recuerda que *mono* significa "uno" y *poli* significa "muchos".) Las grasas saturadas suelen tener puntos de fusión más altos que los aceites no saturados.

Figura 23 Depósitos de colesterol en esta arteria (mostrada en corte transversal) han reducido el espacio disponible para la circulación de la sangre.

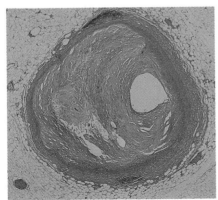

Colesterol Otro lípido importante es el **colesterol,** una sustancia

INTEGRAR LA SALUD cerosa que se encuentra en las células animales. El organismo elabora estructuras celulares a partir del colesterol y las utiliza para formar compuestos que sirven como mensajeros químicos. El cuerpo produce el colesterol que necesita de otros nutrimentos.

Pero los alimentos de origen animal (queso, huevos y carne) proporcionan también colesterol. Los alimentos de origen vegetal, como los aceites vegetales, no contienen colesterol.

Aunque las grasas saturadas a menudo se encuentran en los mismos alimentos al igual que el colesterol, tienen compuestos distintos. Niveles excesivos de colesterol en la sangre pueden contribuir a enfermedades del corazón. Pero las grasas saturadas pueden influir en los niveles de colesterol en la sangre. Por ello, debes limitar el consumo de ambos.

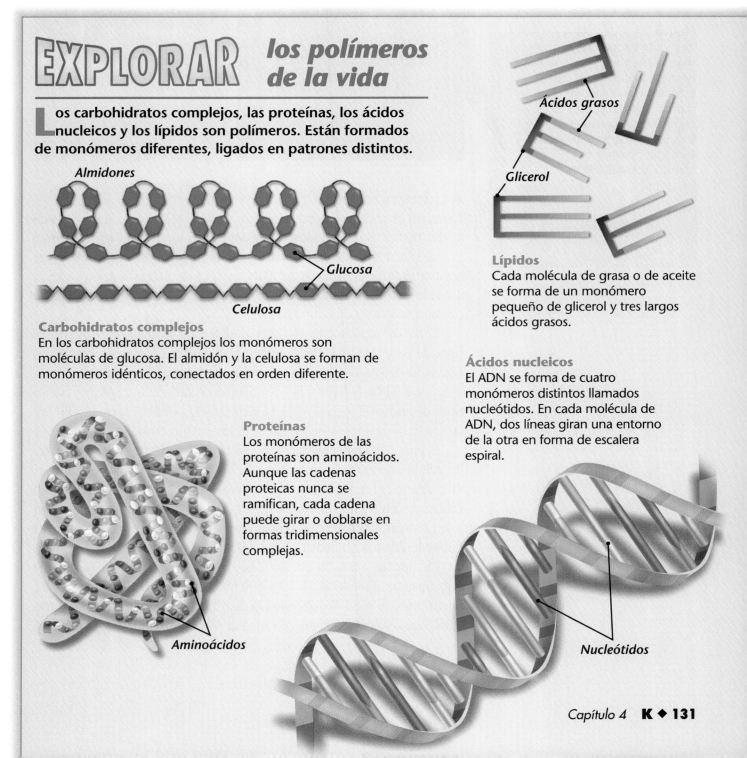

EXPLORAR los polímeros de la vida

Los carbohidratos complejos, las proteínas, los ácidos nucleicos y los lípidos son polímeros. Están formados de monómeros diferentes, ligados en patrones distintos.

Almidones

Glucosa

Celulosa

Carbohidratos complejos
En los carbohidratos complejos los monómeros son moléculas de glucosa. El almidón y la celulosa se forman de monómeros idénticos, conectados en orden diferente.

Proteínas
Los monómeros de las proteínas son aminoácidos. Aunque las cadenas proteicas nunca se ramifican, cada cadena puede girar o doblarse en formas tridimensionales complejas.

Aminoácidos

Ácidos grasos

Glicerol

Lípidos
Cada molécula de grasa o de aceite se forma de un monómero pequeño de glicerol y tres largos ácidos grasos.

Ácidos nucleicos
El ADN se forma de cuatro monómeros distintos llamados nucleótidos. En cada molécula de ADN, dos líneas giran una entorno de la otra en forma de escalera espiral.

Nucleótidos

Figura 24 Este colibrí y la flor que visita (izquierda) son seres vivos diferentes porque su ADN difiere. Los científicos que estudian el ADN en los seres humanos y otros seres vivos comparan los patrones de las bandas en datos de prueba llamadas pruebas de identificación del ADN (derecha).

Ácidos nucleicos

La cuarta clase de polímeros orgánicos en los seres vivos está formada de ácidos nucleicos. Los **ácidos nucleicos** son compuestos orgánicos muy grandes formados de carbono, oxígeno, hidrógeno, nitrógeno y fósforo. Seguramente has oído hablar del **ADN,** las siglas de un tipo de ácido nucleico, llamado ácido desoxirribonucleico. El otro tipo de ácido nucleico, el ácido ribonucleico, se abrevia como **ARN.**

Como otros polímeros, el ADN y el ARN están formados por diferentes tipos de pequeñas moléculas unidas en un patrón. Los monómeros de los ácidos nucleicos se llaman **nucleótidos.** ¡Hasta en los seres vivos más simples , el ADN contiene miles de millones de nucleótidos! Sólo hay cuatro tipos de nucleótidos en el ADN. El ARN también está constituido sólo por cuatro tipos de nucleótidos, similares a los monómeros de ADN.

El orden de los nucleótidos sirve como instrucciones codificadas para las células, las estructuras básicas de los seres vivos. El ADN de un ser vivo difiere del ADN de otros seres vivos. Por lo tanto, las células de un colibrí crecen y funcionan de manera distinta de las células de una flor o de las tuyas. **Las diferencias entre los seres vivos dependen entonces del orden de los nucleótidos del ADN.**

Cuando se reproducen los seres vivos, transmiten el ADN y la información que llevan a la siguiente generación. El orden de los nucleótidos en el ADN determina la distribución de los nucleótidos en el ARN. Éste, a su vez, determina el orden de los aminoácidos en las proteínas.

SECCIÓN 1 — Enlaces químicos del carbono

Ideas clave
◆ El carbono puede formar un gran número de compuestos diferentes porque cada átomo de carbono puede formar cuatro enlaces.
◆ El elemento carbono existe en formas diferentes. Los cristales de diamante son los minerales más duros que se forman en la Tierra. El grafito es una forma resbalosa de carbono. El fulereno, o bolas bucky se produjo por primera vez en 1985.

Términos clave
diamante
grafito
fulereno

SECCIÓN 2 — Compuestos de carbono

Ideas clave
◆ Muchos compuestos orgánicos tienen propiedades en común entre sí.
◆ Las cadenas de carbono en los hidrocarburos pueden ser lineales, ramificadas o de anillo.
◆ Los isómeros son diferentes unos de otros debido a que su fórmula desarrollada plana difiere.
◆ Los hidrocarburos de sustitución que están relacionados con otros hidrocarburos, comprenden compuestos de halógeno, alcoholes y ácidos orgánicos.
◆ Los polímeros se forman de muchos monómeros enlazados.

Términos clave
compuesto orgánico	grupo hidroxilo
hidrocarburo	alcohol
fórmula molecular	ácido orgánico
subíndice	grupo carboxilo
fórmula desarrollada plana	éster
isómero	polímero
hidrocarburo saturado	monómero
hidrocarburo no saturado	sintético
hidrocarburo de sustitución	

SECCIÓN 3 — Vida con carbono

INTEGRAR LAS CIENCIAS DE LA VIDA

Ideas clave
◆ Los nutrimentos proveen a tu cuerpo energía y materias primas. Muchos nutrimentos son compuestos orgánicos con grandes moléculas de polímeros.
◆ Las cuatro clases principales de polímeros en los seres vivos son los carbohidratos, las proteínas, los lípidos y los ácidos nucleicos.
◆ Los monómeros de los carbohidratos complejos son azúcares simples. Los monómeros de las proteínas son aminoácidos. Los monómeros de las grasas y los aceites son ácidos grasos y glicerol. Los monómeros de los ácidos nucleicos son nucleótidos.
◆ Las vitaminas y los minerales son otros nutrimentos que contribuyen a una dieta saludable.

Términos clave
nutrimento	lípido
digestión	ácido graso
carbohidrato	colesterol
glucosa	ácido nucleico
carbohidrato complejo	ADN
almidón	ARN
celulosa	nucleótido
proteína	vitamina
aminoácido	mineral

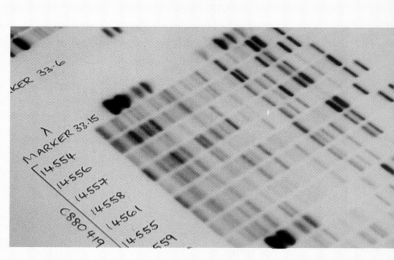

USAR LA INTERNET

ACTIVIDAD

www.science-explorer.phschool.com

Repaso del contenido

 Para repasar los conceptos clave, consulta el Interactive Student Tutorial CD-ROM.

Opción múltiple
Elige la letra que complete mejor cada enunciado.

1. El número de electrones de valencia para cada átomo de carbono es
   a. uno.
   b. dos.
   c. tres.
   d. cuatro.

2. Todo compuesto orgánico contiene
   a. oxígeno.
   b. carbono.
   c. halógenos.
   d. grupos carboxilos.

3. El grupo –COOH se caracteriza por
   a. un ácido orgánico.
   b. un alcohol.
   c. un compuesto de halógeno.
   d. un hidrocarburo.

4. Los monómeros en carbohidratos complejos son
   a. azúcares.
   b. aminoácidos.
   c. nucleótidos.
   d. grasas.

5. El colesterol es un tipo de
   a. ácido nucleico.
   b. carbohidrato.
   c. lípido.
   d. celulosa.

Falso o verdadero
Si el enunciado es verdadero, escribe verdadero. Si es falso, cambia la palabra o palabras subrayadas para hacer verdadero el enunciado.

6. Como los enlaces entre capas de átomos de carbono son débiles, las capas de <u>fulereno</u> se deslizan fácilmente una sobre otra.

7. Los hidrocarburos que contienen sólo enlaces simples se dice que son <u>no saturados</u>.

8. Un ácido <u>orgánico</u> se caracteriza por uno o más átomos de flúor, cloro, bromio o yodo.

9. Un <u>monómero</u> es una larga cadena de <u>polímeros</u>.

10. Las proteínas se forman de largas cadenas de <u>aminoácidos</u>.

Revisar los conceptos

11. ¿Qué es un enlace químico?

12. ¿Qué tienen en común los diamantes, el grafito y el fulereno?

13. ¿Cómo adviertes la presencia de ésteres en una fruta como la piña o el plátano?

14. Los almidones y la celulosa son carbohidratos complejos. ¿De qué manera maneja tu cuerpo estos compuestos?

15. Compara y contrasta los ácidos grasos de las grasas sólidas a temperatura ambiente con los ácidos grasos de los aceites que son líquidos.

16. ¿Por qué es importante el orden de los nucleótidos en el ADN?

17. **Escribir para aprender** Escribe al menos diez acertijos para diferentes formas de carbono y para compuestos orgánicos. Los acertijos son problemas o enigmas por lo general planteados como pregunta. Por ejemplo, "¿Qué está formado por 60 átomos de carbono y tiene forma de pelota de fútbol sóccer?". Trata de ser original. Escribe cada acertijo al frente de una tarjeta y la respuesta correcta en el reverso. Luego, comparte tus acertijos con tus compañeros de clase y ve si pueden resolverlos.

Razonamiento gráfico

18. **Diagrama de Venn** En una hoja de papel, copia el diagrama de Venn sobre las proteínas y los ácidos nucleicos. Después complétalo y ponle un título. (Para más información acerca de los diagramas de Venn, consulta el Manual de destrezas.)

Proteínas　**Ácidos nucleicos**

a. ?

Forman y reparan partes del cuerpo

b. ?

Monómeros nucleótidos

c. ?

Aplicar las destrezas

Usa las siguientes fórmulas desarrolladas planas para responder las Preguntas 19–22.

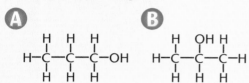

A   **B**

19. Clasificar ¿Qué tipo de hidrocarburos de sustitución son los compuestos A y B? ¿Qué información en las fórmulas desarrolladas planas te sirvió para decidir tu respuesta?

20. Observar ¿Cuál es el subíndice correcto para los átomos de carbono (C) en la fórmula molecular que corresponde a cada fórmula desarrollada plana?

21. Inferir ¿Los compuestos A y B son isómeros? ¿Cómo puedes explicarlo?

22. Predecir ¿Esperarías que estos dos compuestos tuvieran propiedades idénticas o diferentes? Explica por qué.

Razonamiento crítico

23. Relacionar causa y efecto ¿Qué características del elemento carbono le permiten formar la "columna vertebral" de una tan variada disposición de distintos compuestos?

24. Aplicar los conceptos El CH_4 es un hidrocarburo de un carbono saturado. ¿Por qué la mayoría de los hidrocarburos no saturados tienen un mínimo de dos carbonos?

25. Clasificar Clasifica cada uno de los siguientes compuestos como hidrocarburo, alcohol, ácido orgánico o compuestos de halógeno: $C_{12}H_{20}COOH$, C_7H_{16}, C_2H_5Cl, C_4H_7OH.

26. Plantear preguntas La glucosa y la fructosa son carbohidratos simples con la fórmula $C_6H_{12}O_6$. ¿Qué más necesitas saber sobre la glucosa y la fructosa para decidir si deberían considerarse como compuestos distintos?

27. Comparar y contrastar ¿En qué son similares las vitaminas a los nutrimentos, como los lípidos, los carbohidratos y las proteínas? ¿En qué difieren?

Evaluación del rendimiento

PROYECTO DEL CAPÍTULO 4

Para terminar

Presenta tu proyecto Presenta tu tabla de datos con la clasificación de los compuestos en los alimentos, junto con las etiquetas de donde recopilaste tus datos. Destaca los nutrimentos que se encuentran en casi todos los alimentos y los que se hallan sólo en algunos alimentos.

Reflexiona y anota Lista en tu diario cualquier pregunta que no pudiste responder en tu investigación. ¿Qué más te gustaría aprender al respecto? ¿Cómo podrías aprender más acerca de las sustancias utilizadas en diversos productos alimenticios?

Participa

En tu escuela Haz un cartel donde enseñes a otros estudiantes de tu escuela sobre hidrocarburos. ¿Qué compuestos deben encontrarse y en dónde? Decide cómo representar los ejemplos de los hidrocarburos de manera visual. Usa leyendas y etiquetas para explicar con claridad las diferencias entre los hidrocarburos saturados y los no saturados. También compara y contrasta diferentes tipos de hidrocarburos de sustitución. Expón tu cartel en la biblioteca o en un pasillo.

JABÓN
El cazador de mugre

¿Qué sustancia resbaladiza . . .

- hace las cosas más limpias, frescas y brillantes?
- puedes usarlo en tu cabeza y en los pisos?
- lubrica partes de equipo que se adhieren?
- limpia tus manos de gérmenes?

Es el jabón, un limpiador hecho de materiales que se encuentran en la naturaleza. La gente deduce que el jabón se hace calentando grasas o aceites naturales, álcali (una sustancia química que se obtiene de las cenizas de madera) y agua. El detergente también es un limpiador. Es similar al jabón, pero hecho de materiales manufacturados.

¡El promedio de los estadounidenses utiliza cerca de 11 kilogramos de jabón por año sólo para mantenerse limpios! Parte de este jabón se usa para el aseo personal. El jabón también lo emplean expertos médicos para limpiar heridas y evitar infecciones.

En casa tú usas jabones y detergentes para lavar trastos, ropa sucia, ventanas, pisos y mucho más. Aun las fábricas emplean jabones en la elaboración de productos como hule, joyas, aluminio, anticongelante, ropa de cuero y papel satinado.

Así, si vivieras sin jabón, ¡tú y tu entorno estarían muy sucios! Te verías y te sentirías muy diferente. ¡Quizá le debas parte de tu estilo de vida al jabón!

La espuma de jabón en acción: en el baño de un bebé (arriba), cuando se baña a un perro (en medio) y cuando se lava el automóvil (abajo).

Cómo actúa el jabón

Te frotas el cabello con agua y champú.

Las moléculas de jabón que hay en el champú retiran la grasa y la mugre de tu cabello.

Las moléculas de jabón agrupan la mugre en partes diminutas.

El agua se lleva la mugre agrupada por las moléculas de jabón.

Molécula de jabón

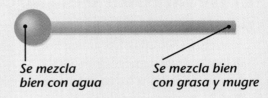

Se mezcla bien con agua

Se mezcla bien con grasa y mugre

Arrasa con la mugre

Los fabricantes de jabón aseguran que sus productos pueden arrasar con la mugre de la ropa más sucia. ¿Cómo funciona esto? Primero necesitas remojar la ropa con agua que contenga jabón. El jabón penetra en el material.

Cada molécula de jabón tiene forma como de renacuajo. El extremo parecido a una cola es similar a una molécula de hidrocarburo. Se mezcla mal con el agua pero lo hace bien con la grasa y la mugre. El extremo largo, por otra parte, se mezcla bien con el agua. Cuando lavas, las moléculas de jabón rodean la mugre y la agrupan en partes diminutas que el agua puede llevarse.

Hay mugre que resulta difícil de disolver. Les lleva más tiempo a las moléculas de jabón retirarlas. En estos casos, remojar, restregar y sacudir pueden ayudar a desprender la mugre.

Cierta agua, llamada agua dura, tiene minerales disueltos (calcio, magnesio y hierro). En el agua dura el jabón forma depósitos, llamados espuma. La espuma no se disuelve y es difícil retirarla. Mantiene limpio el cabello, pero sin brillo, y deja manchas en la bañera.

La invención de los detergentes ayudó a resolver el problema de la espuma y las manchas persistentes. Para muchas tareas de limpieza el detergente resulta más eficaz que el jabón. El detergente se disuelve en agua fría con más facilidad que el jabón.

El desarrollo del jabón

Los seres humanos han hecho jabón en los últimos 2,300 años. Los antiguos babilonios, árabes, griegos, romanos y celtas lo hacían y a veces comerciaban con él. La palabra española proviene del germánico "saipon". ¡Pero estas primeras culturas utilizaban el jabón principalmente como tinte o medicina, no como limpiador! No fue hasta el periodo 100 al 199 que se conoció el jabón como agente de limpieza.

La elaboración de jabón en Europa comenzó cerca del año 100. Primero, fue Francia el productor número uno; luego, Italia para el año 700 y España para el año 800. Inglaterra no empezó a utilizar el jabón hasta más o menos el año 1200. Pero aun así, la mayoría no empleaba el jabón para bañarse.

Alrededor de 1790, Nicolas Leblanc, científico francés, descubrió que el álcali podía hacerse de la sal común de mesa y agua. Luego de esto, el jabón pudo elaborarse de manera más sencilla y venderse por negocio.

En América del Norte, alrededor de 1650, los colonizadores empezaron a elaborar su propio jabón. Las familias compraban por adelantado la provisión de todo un año. Luego, en 1800, ciertas personas comenzaron a recolectar residuos de grasa y ceniza de sus vecinos y a hacer jabón en grandes cantidades. Pronto ya se vendían barras de jabón de puerta en puerta.

En 1806, William Colgate, un fabricante de jabón y velas, inició un negocio llamado Colgate y Compañía. Su fábrica produjo jabón y otro limpiador, la pasta de dientes. En la actualidad casi todo el jabón se hace en fábricas y se usa maquinaria muy grande.

El primer detergente se produjo en Alemania alrededor de 1916, durante la

En la sala de calderas de una fábrica de jabón francesa en 1870, los trabajadores revolvían y servían jabón fundido.

Primera Guerra Mundial. Como las grasas eran escasas, se pensó que el detergente sería un sustituto para el jabón hecho de grasas. Sin embargo, la gente descubrió que el detergente era mucho mejor limpiador que el jabón para muchos fines. Los primeros detergentes domésticos aparecieron en Estados Unidos en 1933.

Actividad de estudios sociales

Elabora una línea cronológica de los acontecimientos importantes en la historia de la fabricación del jabón. Busca fotografías o haz ilustraciones para la línea cronológica. Incluye los siguientes acontecimientos:

◆ primeros usos y usuarios del jabón
◆ inicios de la industria del jabón
◆ primeros fabricantes de jabón en Estados Unidos
◆ primer detergente

Antes de que descubrieran el jabón, ¿qué crees que usaba la gente como limpiador en aquellos remotos tiempos?

El jabón en la colonización

La elaboración del jabón en América del Norte durante el siglo XVII era un proceso agotador y desagradable. Por meses los colonos guardaban barriles de ceniza de madera. Luego vertían agua caliente sobre la ceniza. Una solución alcalina, llamada lejía, goteaba de una espita en la parte baja del barril.

En una gran caldera, sobre una fogata rugiente al aire libre, hervían la solución alcalina con la grasa que habían guardado. Tenían que mantener el fuego alto y caliente y agitar la mezcla por horas. Cuando el jabón estaba espeso tenían que vaciarlo en recipientes poco profundos. Las familias hacían jabón en la primavera y, a veces, de nuevo en el otoño.

El pasaje siguiente es de la novela *The Iron Peacock* de Mary Stetson Clarke. La historia tiene lugar en 1650 en la colonia de la bahía de Massachusetts. En el pasaje dos grandes soportes sostienen el travesaño del que pende la marmita sobre el fuego. La mujer revuelve el contendido con una herramienta casera.

La elaboración de jabón durante la colonización era un proceso que duraba todo el día.

*L*a mañana siguiente fue hermosa, el aire lavado resplandecía claridad. Duncan hizo una fogata bajo el armazón. Maura calculó la grasa y agregó cierta cantidad de lejía. Ross y Duncan metieron el travesaño por el asa de la marmita y la levantaron hasta dejarla sostenida por los soportes. Maura tomó una tabla larga y otra más corta que puso en ángulo recto con la primera, y comenzó a mover el contenido de la marmita.

"Volveremos al mediodía para echarte una mano", dijo Duncan.

Maura y Joanna se turnaron para revolver el jabón. Cuando Maura juzgó que ya tenía la consistencia adecuada, dejó que el fuego se apagara.

Luego que los hombres retiraron la marmita del fuego, Joanna y Maura vertieron el espeso y oscuro líquido en recipientes de madera forrados con viejas prendas de ropa. Se enfriaba rápidamente y adquiría la forma de losas color crema. Maura los cortaría en forma de pastillas en unos días, cuando estuvieran los suficientemente sólidos para poder manipularlos. Luego apilaría las barras en un lugar seco por el que circulara el aire alrededor de ellas hasta que el jabón se hubiera secado y pudiera utilizarse.

Actividad de las artes del lenguaje

Relee el pasaje y enlista los pasos para hacer jabón. Piensa en un proceso o actividad que conozcas bien: empacar para un viaje u organizar una fiesta. Anota los pasos y numéralos. Luego describe por escrito el proceso. Incluye los pasos y detalles para que el lector no familiarizado con tu actividad pueda realizarla.

Química del jabón

¿Cómo se hace el jabón? Es el producto de calentar dos tipos de compuestos: un ácido y una base. Los ácidos y las bases son compuestos que poseen propiedades físicas y químicas contrarias una de otra. Un ácido tiene un sabor amargo. Las toronjas, los encurtidos y el vinagre tienen ácidos. Una base cuenta con propiedades que le dan un sabor penetrante y se sienten resbaladizas. Las bases y los ácidos se combinan para neutralizarse.

Las grasas y los aceites naturales son la fuente de los ácidos en la elaboración de jabón. Las grasas y los aceites son polímeros, formados por tres monómeros ácidos grasos y un alcohol llamado glicerol. En la elaboración del jabón, los ácidos grasos se combinan con una solución alcalina (hecha de bases). La mezcla se procesa con ayuda de agua y calor. La reacción química resultante se llama saponificación. La saponificación produce el material principal de los jabones, llamado jabón "puro". El glicerol que sobra, llamado también glicerina, se bombea hacia afuera.

La diferencia entre los jabones sólidos y líquidos depende del álcali que se les haya agregado. En un jabón sólido la solución alcalina es la base hidróxido de sodio. En los jabones líquidos la solución alcalina es la base hidróxido de potasio.

Elaboración de jabón por proceso continuo

Los ingredientes se miden minuciosamente mientras se bombean al tubo.

Agua caliente

1 *Continuamente se bombea agua caliente a presión alta hacia la parte superior de un tubo de acero inoxidable, el cual tiene por lo menos 15 metros de altura.*

Al mismo tiempo se bombea de continuo grasa fusionada por la base del tubo.

Grasa fusionada

2 *Las grasas y los aceites se dividen en ácidos grasos y glicerol o glicerina. La glicerina se bombea hacia afuera. Los ácidos grasos que quedan se bombean a otro recipiente.*

Ácidos grasos

Álcali

3 *En el siguiente recipiente los ácidos grasos se combinan con una solución alcalina. Tiene lugar la saponificación, lo que da por resultado el jabón puro: el material principal de los jabones.*

Glicerina

Elaboración del jabón

Después de la saponificación el jabón puro se vierte en moldes. A veces se agregan otros ingredientes durante esta etapa. Luego, a las barras de jabón se les troquela o se diseñan o se envuelven para embarque.

Para hacer jabón cosmético se necesita un proceso adicional llamado laminación. El jabón puro se vierte en grandes planchas en lugar de moldes. Cuando se enfría la plancha, varias series de rodillos lo comprimen y lo aplastan. Este proceso genera jabones más finos y suaves que la gente puede usar para el rostro y las manos.

En esta etapa puede agregarse una gran variedad de ingredientes, como esencias, colorantes o germicidas (para matar bacterias). El jabón puede llenarse con burbujas de aire para hacerlo flotar. Los fabricantes de jabón compiten en hallar la combinación de ingredientes más atractiva y de mejor aroma para los consumidores.

Actividad de ciencias

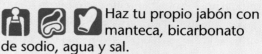 Haz tu propio jabón con manteca, bicarbonato de sodio, agua y sal.

◆ Prepara una solución de bicarbonato de sodio disolviendo 5 gramos en 10 mililitros de agua.

◆ Mezcla la solución de bicarbonato de sodio con 20 gramos de manteca en un vaso de precipitados de 400 mililitros.

◆ Caliéntalo a fuego medio en una hornilla por 20 minutos. Revuelve el contenido continuamente mientras hierve la mezcla.

◆ Deja que la mezcla se enfríe. Transfiérela a una taza de plástico. Dale un baño de hielo de 5 a 10 minutos. Revuélvela.

◆ Haz una solución saturada de sal disolviendo 20 gramos en 25 mililitros de agua. Agrégala a la mezcla. Revuélvela.

◆ Retira los grumos de jabón, colándolo con una malla. Escurre cualquier líquido. Pon el jabón en un plato para que se seque y endurezca.

◆ Pon una porción del jabón en agua caliente y revuélvela. Observa las burbujas.

◆ Prueba con papel tornasol para que veas si es ácido o base. (El papel tornasol azul se vuelve rojo con un ácido. El papel tornasol rojo se vuelve azul con una base.)

4 El jabón puro se vierte en moldes y se deja endurecer. Antes de que se convierta en barras, laminillas o jabón en polvo, pueden agregarse otros ingredientes, como abrasivos (agentes restregadores).

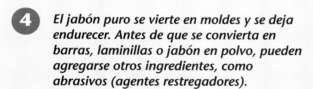

5 Los jabones cosméticos requieren procesos adicionales. Luego de enfriarse el jabón puro pasa al proceso de laminación. El jabón pasa por rodillos que lo aplastan. Pueden agregarse en esta etapa perfumes y otros ingredientes.

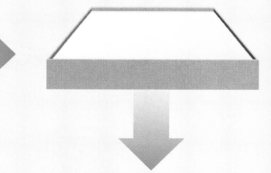

6 El jabón terminado es comprimido, cortado, troquelado y envuelto para embarque.

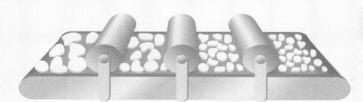

Un año de jabón

¿Qué harías si tuvieras que elaborar tu provisión de jabón para un año con ayuda de ingredientes modernos? Probablemente compras en una tienda el jabón que usas. Pero aún es posible hacer jabón si utilizas los ingredientes adecuados y sigues instrucciones precisas.

Las recetas para hacer jabón son tan diversas como las recetas de platillos. Puedes hacer jabón con el aceite de aguacate, de avellanas o de semillas de girasol. Para agregar esencias naturales puedes ponerle rosas, canela, clavo, lavanda, limón, menta, toronja, pino, vainilla o cualquier cosa.

Los colores pueden provenir de betabel, cocoa, solidago, regaliz, pimentón o hasta de algas marinas. Puedes agregar incluso "estropajo" como harina de maíz, harina de avena o semillas de amapola.

He aquí la lista de ingredientes para un tipo de jabón. Esta receta da para una barra de jabón con una masa de 141.75 gramos.

> *RECETA PARA JABÓN*
>
> *16.8 gramos de álcali*
>
> *45.4 gramos de agua*
>
> *42.2 gramos de aceite de oliva*
>
> *36.2 gramos de aceite de coco*
>
> *42.2 gramos de aceite de palma*

Actividad de matemáticas

Utiliza la lista de ingredientes para responder estas preguntas:

◆ ¿Cuál es la proporción del álcali al aceite en esta receta? Redondea a la centena más cercana.

◆ Si haces un gran montón con masa total de 1.701 kg, ¿cuántas barras de jabón obtienes?

◆ ¿Qué cantidad de cada ingrediente necesitarías para hacer ese montón?

◆ Si tu familia utilizó dos barras de jabón por mes, ¿cuántos montones de jabón tendrías que hacer para cubrir la provisión de un año?

◆ ¿Cuántos montones tendrías que hacer si tu familia utilizó cuatro barras de jabón por mes en el verano (junio, julio y agosto), dos barras por mes en el invierno (diciembre, enero y febrero) y tres barras por mes durante el resto del año?

Relaciónalo

Estudio sobre el jabón

Organiza un proyecto de clase para hacer una encuesta y probar jabones y productos relacionados con el jabón que haya en el mercado actualmente. Trabaja en grupos pequeños. Elige un tipo de limpiador para que lo estudies, como barras de jabón, detergentes para trastes, detergentes para ropa u otros limpiadores.

A medida que tu grupo investiga una clase de producto, responde estas preguntas:

◆ Observa las etiquetas. ¿Qué tipo de aceite y otros ingredientes están en la lista?

◆ ¿Qué aseguran los fabricantes que hacen estos productos? ¿Qué lenguaje usan para afirmarlo?

◆ ¿Cuántas clases de superficies puedes limpiar con este producto?

Luego reúne varias marcas. Crea un experimento para ayudarte a decidir qué marca es mejor.

◆ Decide qué probarás, por ejemplo, qué tan bien elimina la grasa el producto de esa marca.

◆ Crea una escala para calificar los productos.

◆ Antes de empezar predice tus resultados.

◆ Mantén todas las variables iguales excepto la marca.

◆ Haz pruebas, recopila datos y toma notas detalladas.

Decide la forma de presentación de tus resultados a la clase. Puedes incluir fotografías de los resultados de la prueba, crear una gráfica o escribir un informe donde describas y resumas los resultados.

Piensa como científico

*T*al vez no lo sepas, pero todos los días piensas como científico. Cada vez que te haces una pregunta y examinas las respuestas posibles aplicas muchas de las mismas destrezas que los científicos. Algunas de esas destrezas se describen en esta página.

Observar

Observas cada vez que reúnes información sobre el mundo con uno o más de tus cinco sentidos. Oír que ladra un perro, contar doce semillas verdes y oler el humo son observaciones. Para aumentar el alcance de los sentidos, los científicos tienen microscopios, telescopios y otros instrumentos con los que hacen observaciones más detalladas.

Las observaciones deben referirse a los hechos y ser precisas, un informe exacto de lo que tus sentidos detectan. Es importante escribir o dibujar cuidadosamente en un cuaderno las observaciones en la clase de ciencias. La información reunida en las observaciones se llama evidencia o dato.

Inferir

Cuando explicas o interpretas una observación, **infieres**, o haces una inferencia. Por ejemplo, si oyes que tu perro ladra, infieres que hay alguien en la puerta. Para hacer esta inferencia, combinas las evidencias (tu perro ladra) con tu experiencia o conocimientos (sabes que el perro ladra cuando se acerca un desconocido) para llegar a una conclusión lógica.

Advierte que las inferencias no son hechos, sino solamente una de tantas explicaciones de tu observación. Por ejemplo, quizá tu perro ladra porque quiere ir de paseo. A veces resulta que las inferencias son incorrectas aun si se basan en observaciones precisas y razonamientos lógicos. La única manera de averiguar si una inferencia es correcta, es investigar más a fondo.

Predecir

Cuando escuchas el pronóstico del tiempo, oyes muchas predicciones sobre las condiciones meteorológicas del día siguiente: cuál será la temperatura, si lloverá o no y si habrá mucho viento. Los meteorólogos pronostican el tiempo basados en sus observaciones y conocimientos de los sistemas climáticos. La destreza de **predecir** consiste en hacer una inferencia sobre un acontecimiento futuro basada en pruebas actuales o en la experiencia.

Como las predicciones son inferencias, a veces resultan falsas. En la clase de ciencias, puedes hacer experimentos para probar tus predicciones. Por ejemplo, digamos que predices que los aviones de papel más grandes vuelan más lejos que los pequeños. ¿Cómo pondrías a prueba tu predicción?

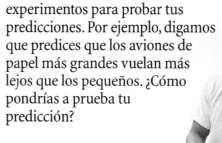

ACTIVIDAD Estudia la fotografía para responder las preguntas siguientes.

Observar Mira con atención la fotografía. Anota por lo menos tres observaciones.

Inferir Con tus observaciones, haz una inferencia de lo que sucedió. ¿Qué experiencias o conocimientos aprovechaste para formular tu inferencia?

Predecir Predice lo que ocurrirá a continuación. ¿En qué evidencias o experiencias basas tu predicción?

Clasificar

¿Te imaginas cómo sería buscar un libro en la biblioteca si todos los tomos estuvieran puestos en los estantes sin ningún orden? Tu visita a la biblioteca sería cosa de todo un día. Por fortuna, los bibliotecarios agrupan los libros por tema o por autor. Agrupar los elementos que comparten algún parecido se llama **clasificar**. Puedes clasificar las cosas de muchas maneras: por tamaño, por forma, por uso y por otras características importantes.

Como los bibliotecarios, los científicos aplican la destreza de clasificar para organizar información y objetos. Cuando las cosas están distribuidas en grupos, es más fácil entender sus relaciones.

ACTIVIDAD

Clasifica los objetos de la fotografía en dos grupos, de acuerdo con la característica que tú escojas. Luego, elige otra característica y clasifícalos en tres grupos.

Hacer modelos

¿Alguna vez has hecho un dibujo para que alguien entienda mejor lo que le dices? Ese dibujo es una especie de modelo. Los modelos son dibujos, diagramas, imágenes de computadora o cualquier otra representación de objetos o procesos complicados. **Hacer modelos** nos ayuda a entender las cosas que no vemos directamente.

Los científicos representan con modelos las cosas muy grandes o muy pequeñas, como los planetas del sistema solar o las partes de las células. En estos casos se trata de modelos físicos, dibujos o cuerpos sólidos que se parecen a los objetos reales. En otros casos son modelos mentales: ecuaciones matemáticas o palabras que describen el funcionamiento de algo.

ACTIVIDAD

Esta estudiante demuestra con un modelo las causas del día y la noche en la Tierra. ¿Qué representan la lámpara y la pelota de tenis?

Comunicar

Te comunicas cuando hablas por teléfono, escribes una carta o escuchas al maestro en la escuela. **Comunicar** es el acto de compartir ideas e información con los demás. La comunicación eficaz requiere de muchas destrezas: escribir, leer, hablar, escuchar y hacer modelos.

Los científicos se comunican para compartir resultados, información y opiniones. Acostumbran comunicar su trabajo en publicaciones, por teléfono, en cartas y en la Internet. También asisten a reuniones científicas donde comparten sus ideas en persona.

ACTIVIDAD

En un papel, escribe con claridad las instrucciones detalladas para amarrarse las agujetas. Luego, intercámbialas con un compañero o compañera. Sigue exactamente sus instrucciones. ¿Qué tan bien pudiste amarrarte el zapato? ¿Cómo se hubiera comunicado con más claridad tu compañero o compañera?

Hacer mediciones

Cuando los científicos hacen observaciones, no basta decir que algo es "grande" o "pesado". Por eso, miden con sus instrumentos qué tan grandes o pesados son los objetos. Con las mediciones, los científicos expresan con mayor exactitud sus observaciones y comunican más información sobre lo que observan.

Mediciones SI

La forma común de medir que utilizan los científicos de todo el mundo es el *Sistema Internacional de Unidades*, abreviado SI. Estas unidades son fáciles de usar porque se basan en múltiplos de 10. Cada unidad es 10 veces mayor que la inmediata anterior y un décimo del tamaño de la siguiente. En la tabla se anotan los prefijos de las unidades del SI más frecuentes.

Prefijos comunes SI

Prefijo	Símbolo	Significado
kilo-	k	1,000
hecto-	h	100
deka-	da	10
deci-	d	0.1 (un décimo)
centi-	c	0.01 (un centésimo)
mili-	m	0.001 (un milésimo)

Longitud Para medir la longitud, o la distancia entre dos puntos, la unidad de medida es el **metro (m)**. Un metro es la distancia aproximada del suelo al pomo de la puerta. Las distancias mayores, como entre ciudades, se miden en kilómetros (km). Las longitudes más pequeñas se miden en centímetros (cm) o milímetros (mm). Para medir la longitud, los científicos usan reglas métricas.

Conversiones comunes

1 km = 1,000 m
1 m = 100 cm
1 m = 1,000 mm
1 cm = 10 mm

ACTIVIDAD

En la regla métrica de la ilustración, las líneas largas son divisiones en centímetros, mientras que las cortas que no están numeradas son divisiones en milímetros. ¿Cuántos centímetros de largo tiene esta concha? ¿A cuántos milímetros equivale?

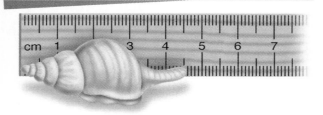

Volumen líquido Para medir el volumen de los líquidos, o la cantidad de espacio que ocupan, utilizamos una unidad de medida llamada **litro (L)**. Un litro es aproximadamente el volumen de un cartón de leche de tamaño mediano. Los volúmenes menores se miden en mililitros (mL). Los científicos tienen cilindros graduados para medir el volumen líquido.

Conversión común

1 L = 1,000 mL

ACTIVIDAD

El cilindro graduado de la ilustración está marcado con divisiones en milímetros. Observa que la superficie del agua del cilindro es curva. Esta curvatura se llama *menisco*. Para medir el volumen, tienes que leer el nivel en el punto más bajo del menisco. ¿Cuál es el volumen del agua en este cilindro graduado?

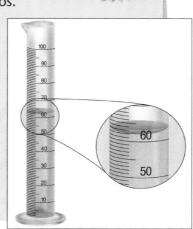

Masa Para medir la masa, o la cantidad de materia de los objetos, tomamos una unidad de medida conocida como **gramo (g)**. Un gramo es aproximadamente la masa de un sujetador de papeles. Las masas más grandes se miden en kilogramos (kg). Los científicos miden con básculas la masa de los objetos.

> **Conversión común**
>
> 1 kg = 1,000 g

La báscula electrónica muestra la masa de una manzana en kilogramos. ¿Cuál es la masa de la manzana? Supón que una receta de puré requiere un kilogramo de manzanas. ¿Cuántas manzanas necesitarías?

ACTIVIDAD

Temperatura

Para medir la temperatura de las sustancias, usamos la **escala Celsius**. La temperatura se mide con un termómetro en grados Celsius (°C). El agua se congela a 0°C y hierve a 100°C.

ACTIVIDAD

¿Cuál es la temperatura del líquido en grados Celsius?

Conversión de unidades SI

Para trabajar con el sistema SI, debes saber cómo convertir de unas unidades a otras. Esto requiere la destreza de **calcular**, o realizar operaciones matemáticas. Convertir unidades SI es igual que convertir dólares y monedas de 10 centavos, porque los dos sistemas se basan en múltiplos de diez.

Digamos que quieres convertir en metros una longitud de 80 centímetros. Sigue estos pasos para convertir las unidades.

1. Comienza por escribir la medida que quieres convertir; en este ejemplo, 80 centímetros.
2. Escribe el factor de conversión que represente la relación entre las dos unidades. En este ejemplo, la relación es *1 metro = 100 centímetros*. Escribe el factor como fracción. Asegúrate de poner en el denominador las unidades de las que conviertes (en este ejemplo, centímetros).

3. Multiplica la medición que quieres convertir por la fracción. Las unidades de esta primera medición se cancelarán con las unidades del denominador. Tu respuesta estará en las unidades a las que conviertes.

Ejemplo

80 centímetros = _____?_____ metros

$$80 \text{ centímetros} \times \frac{1 \text{ metro}}{100 \text{ centímetros}} = \frac{80 \text{ metros}}{100}$$

$$= 0.8 \text{ metros}$$

Convierte las unidades siguientes. **ACTIVIDAD**

1. 600 milímetros = _?_ metros
2. 0.35 litros = _?_ mililitros
3. 1,050 gramos = _?_ kilogramos

Realizar una investigación científica

En cierta forma, los científicos son como detectives que unen claves para entender un proceso o acontecimiento. Una forma en que los científicos reúnen claves es realizar experimentos. Los experimentos prueban las ideas en forma cuidadosa y ordenada. Sin embargo, no todos los experimentos siguen los mismos pasos en el mismo orden, aunque muchos tienen un esquema parecido al que se describe aquí.

Plantear preguntas

Los experimentos comienzan planteando una pregunta científica. Las preguntas científicas son las que se pueden responder reuniendo pruebas. Por ejemplo, la pregunta "¿qué se congela más rápidamente, el agua dulce o el agua salada?" es científica, porque puedes realizar una investigación y reunir información para contestarla.

Desarrollar una hipótesis

El siguiente paso es formular una hipótesis. Las **hipótesis** son predicciones acerca de los resultados de los experimentos. Como todas las predicciones, las hipótesis se basan en tus observaciones y en tus conocimientos o experiencia. Pero, a diferencia de muchas predicciones, las hipótesis deben ser algo que se pueda poner a prueba. Las hipótesis bien enunciadas adoptan la forma *Si... entonces...* y en seguida el planteaminto. Por ejemplo, una hipótesis sería "*si añado sal al agua dulce, entonces tardará más en congelarse*". Las hipótesis enunciadas de esta manera son un boceto aproximado del experimento que debes realizar.

Crear un experimento

Enseguida, tienes que planear una forma de poner a prueba tu hipótesis. Debes redactarla en forma de pasos y describir las observaciones o mediciones que harás.

Dos pasos importantes de la creación de experimentos son controlar las variables y formular definiciones operativas.

Controlar variables

En los experimentos bien planeados, tienes que cuidar que todas las variables sean la misma excepto una. Una **variable** es cualquier factor que pueda cambiarse en un experimento. El factor que modificas se llama **variable manipulada**. En nuestro experimento, la variable manipulada es la cantidad de sal que se añade al agua. Los demás factores son constantes, como la cantidad de agua o la temperatura inicial.

El factor que cambia como resultado de la variable manipulada se llama **variable de respuesta** y es lo que mides u observas para obtener tus resultados. En este experimento, la variable de respuesta es cuánto tarda el agua en congelarse.

Un **experimento controlado** es el que mantiene constante todos los factores salvo uno. Estos experimentos incluyen una prueba llamada de **control**. En este experimento, el recipiente 3 es el de control. Como no se le añade sal, puedes comparar con él los resultados de los otros experimentos. Cualquier diferencia en los resultados debe obedecer en exclusiva a la adición de sal.

Formular definiciones operativas

Otro aspecto importante de los experimentos bien planeados es tener definiciones operativas claras. Las **definiciones operativas** son enunciados que describen cómo se va a medir cierta variable o cómo se va a definir. Por ejemplo, en este experimento, ¿cómo determinarás si el agua se congeló? Quizá decidas meter un palito en los recipientes al comienzo del experimento. Tu definición operativa de "congelada" sería el momento en que el palito dejara de moverse.

PROCEDIMIENTO EXPERIMENTAL

1. Llena 3 recipientes con agua fría de la llave.

2. Añade 10 gramos de sal al recipiente 1 y agita. Añade 20 gramos de sal al recipiente 2 y agita. No añadas sal al recipiente 3.

3. Coloca los tres recipientes en el congelador.

4. Revisa los recipientes cada 15 minutos. Anota tus observaciones.

Interpretar datos

Las observaciones y mediciones que haces en los experimentos se llaman datos. Debes analizarlos al final de los experimentos para buscar regularidades o tendencias. Muchas veces, las regularidades se hacen evidentes si organizas tus datos en una tabla o una gráfica. Luego, reflexiona en lo que revelan los datos. ¿Apoyan tu hipótesis? ¿Señalan una falla en el experimento? ¿Necesitas reunir más datos?

Sacar conclusiones

Las conclusiones son enunciados que resumen lo que aprendiste del experimento. Cuando sacas una conclusión, necesitas decidir si los datos que reuniste apoyan tu hipótesis o no. Tal vez debas repetir el experimento varias veces para poder sacar alguna conclusión. A menudo, las conclusiones te llevan a plantear preguntas nuevas y a planear experimentos nuevos para responderlas.

Al rebotar una pelota, ¿influye la altura de la cual la arrojas? De acuerdo con los pasos que acabamos de describir, planea un experimento controlado para investigar este problema.

ACTIVIDAD

Razonamiento crítico

¿Alguien te ha pedido consejo acerca de un problema? En tal caso, es probable que hayas ayudado a esa persona a pensar en el problema a fondo y de manera lógica. Sin saberlo, aplicaste las destrezas del razonamiento crítico, que consiste en reflexionar y emplear la lógica para resolver problemas o tomar decisiones. A continuación se describen algunas destrezas de razonamiento crítico.

Comparar y contrastar

Cuando buscas las semejanzas y las diferencias de dos objetos, aplicas la destreza de **comparar y contrastar**. Comparar es identificar las semejanzas, o características comunes. Contrastar significa encontrar las diferencias. Analizar los objetos de este modo te servirá para descubrir detalles que en otro caso quizá omitirías.

Compara y contrasta los dos animales de la foto. Anota primero todas las semejanzas que veas y luego todas las diferencias.

ACTIVIDAD

Aplicar los conceptos

Cuando recurres a tus conocimientos de una situación para entender otra parecida, empleas la destreza de **aplicar los conceptos**. Ser capaz de transferir tus conocimientos de una situación a otra demuestra que realmente entiendes el concepto. Con esta destreza respondes en los exámenes las preguntas que tienen problemas distintos de los que estudiaste en clase.

Acabas de aprender que el agua tarda más en congelarse si se le mezclan otras sustancias. Con este conocimiento, explica por qué en invierno necesitamos poner en el radiador de los autos una sustancia llamada anticongelante.

ACTIVIDAD

Interpretar ilustraciones

En los libros hay diagramas, fotografías y mapas para aclarar lo que lees. Estas ilustraciones muestran procesos, lugares e ideas de forma visual. La destreza llamada **interpretar ilustraciones** te sirve para aprender de estos elementos visuales. Para entender una ilustración, date tiempo para estudiarla junto con la información escrita que la acompañe. Las leyendas indican los conceptos fundamentales de la ilustración. Los nombres señalan las partes importantes de diagramas y mapas, en tanto que las claves explican los símbolos de los mapas.

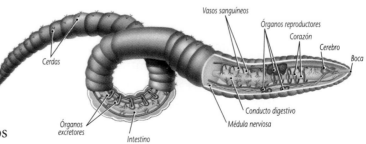

Cerdas

Vasos sanguíneos

Órganos reproductores

Corazón

Cerebro

Boca

Conducto digestivo

Médula nerviosa

Órganos excretores

Intestino

▲ **Anatomía interna de la lombriz de tierra**

Estudia el diagrama de arriba. Luego, escribe un párrafo breve donde expliques lo que aprendiste.

ACTIVIDAD

Relacionar causa y efecto

Si un suceso es la causa de que otro ocurra, se dice que ambos tienen una relación de causa y efecto. Cuando determinas que hay tal relación entre dos sucesos, muestras una destreza llamada **relacionar causa y efecto**. Por ejemplo, si observas en tu piel una hinchazón roja y que te causa irritación, infieres que te picó un mosquito. La picadura es la causa y la hinchazón el efecto.

Es importante aclarar que aunque dos sucesos ocurran al mismo tiempo, no necesariamente generan una relación de causa y efecto. Los científicos se basan en la experimentación y en experiencias pasadas para determinar la existencia de una relación de causa y efecto.

ACTIVIDAD

Estás en un campamento y tu linterna dejó de funcionar. Haz una lista de las causas posibles del desperfecto. ¿Cómo determinarías la relación de causa y efecto que te ha dejado a oscuras?

Hacer generalizaciones

Cuando sacas una conclusión acerca de todo un grupo basado en la información de sólo algunos de sus miembros, aplicas una destreza llamada **hacer generalizaciones**. Para que las generalizaciones sean válidas, la muestra que escojas debe ser lo bastante grande y representativa de todo el grupo. Por ejemplo, puedes ejercer esta destreza en un puesto de frutas si ves un letrero que diga "Pruebe algunas uvas antes de comprar". Si tomas unas uvas dulces, concluyes que todas las uvas son dulces y compras un racimo grande.

ACTIVIDAD

Un equipo de científicos necesita determinar si es potable el agua de un embalse grande. ¿Cómo aprovecharían la destreza de hacer generalizaciones? ¿Qué deben hacer?

Formular juicios

Cuando evalúas algo para decidir si es bueno o malo, correcto o incorrecto, utilizas una destreza llamada **formular juicios**. Por ejemplo, formulas juicios cuando prefieres comer alimentos saludables o recoges la basura de un parque. Antes de formular el juicio, tienes que meditar en las ventajas y las desventajas de la situación y mostrar los valores y las normas que sostienes.

ACTIVIDAD

¿Hay que exigir a niños y adolescentes que porten casco al ir en bicicleta? Explica las razones de tu opinión.

Resolver problemas

Cuando te vales de las destrezas de razonamiento crítico para resolver un asunto o decidir una acción, practicas una destreza llamada **resolver problemas**. Algunos problemas son sencillos, como la forma de convertir fracciones en decimales. Otros, como averiguar por qué dejó de funcionar tu computadora, son complicados. Algunos problemas complicados se resuelven con el método de ensayo y error: ensayas primero una solución; si no funciona, intentas otra. Entre otras estrategias útiles para resolver problemas se encuentran hacer modelos y realizar una lluvia de ideas con un compañero en busca de soluciones posibles.

Organizar la información

A medida que lees este libro, ¿cómo puedes comprender toda la información que contiene? En esta página se muestran herramientas útiles para organizar la información. Se denominan *organizadores gráficos* porque te dan una imagen de los temas y de la relación entre los conceptos.

Redes de conceptos

Las redes de conceptos son herramientas útiles para organizar la información en temas generales. Comienzan con un tema general que se descompone en conceptos más concretos. De esta manera, se facilita la comprensión de las relaciones entre los conceptos.

Para trazar una red de conceptos, se anotan los términos (por lo regular sustantivos) dentro de óvalos y se conectan con palabras de enlace. El concepto más general se pone en la parte superior. Conforme se desciende, los términos son cada vez más específicos. Las palabras de enlace, que se escriben sobre una línea entre dos óvalos, describen las relaciones de los conceptos que unen. Si sigues hacia abajo cualquier encadenamiento de conceptos y palabras de enlace, suele ser fácil leer una oración.

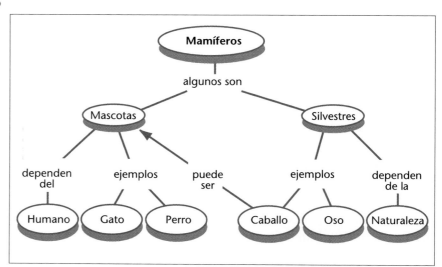

Algunas redes de conceptos comprenden nexos que vinculan un concepto de una rama con otro de una rama distinta. Estos nexos, llamados cruzados, muestran relaciones más complicadas entre conceptos.

Tablas para comparar y contrastar

Las tablas para comparar y contrastar son herramientas útiles para clasificar las semejanzas y las diferencias entre dos o más objetos o sucesos. Las tablas proporcionan un esquema organizado para realizar comparaciones de acuerdo con las características que identifiques.

Para crear una tabla para comparar y contrastar, anota los elementos que vas a comparar en la parte superior. Enseguida, haz en la columna izquierda una lista de las características que formarán la base de tus comparaciones. Para terminar tu tabla,

Característica	Béisbol	Baloncesto
Núm. de jugadores	9	5
Campo de juego	Diamante de béisbol	Cancha de baloncesto
Equipo	Bates, pelotas, manoplas	Canasta, pelota

asienta la información sobre cada característica, primero de un elemento y luego del siguiente.

Diagramas de Venn

Los diagramas de Venn son otra forma de mostrar las semejanzas y las diferencias entre elementos. Estos diagramas constan de dos o más círculos que se superponen parcialmente. Cada círculo representa un concepto o idea. Las características comunes, o semejanzas, se anotan en la parte superpuesta de ambos círculos. Las características únicas, o diferencias, se escriben en las partes de los círculos que no pertenecen a la zona de superposición.

Para trazar un diagrama de Venn, dibuja dos círculos superpuestos. Encabézalos con los nombres de los elementos que vas a comparar. En cada círculo, escribe las características únicas en las partes que no se superponen. Luego, anota en el área superpuesta las características compartidas.

Diagramas de flujo

Los diagramas de flujo ayudan a entender el orden en que ciertos sucesos ocurren o deben ocurrir. Sirven para esbozar las etapas de un proceso o los pasos de un procedimiento.

Para hacer un diagrama de flujo, escribe en un recuadro una descripción breve de cada suceso. Anota el primero en la parte superior de la hoja, seguido por el segundo, el tercero, etc. Para terminar, dibuja una flecha que conecte cada suceso en el orden en que ocurren.

Preparación de pasta

Hervir agua → Cocer la pasta → Escurrir el agua → Añadir la salsa

Diagramas de ciclos

Los diagramas de ciclos muestran secuencias de acontecimientos continuas, o ciclos. Las secuencias continuas no tienen final, porque cuando termina el último suceso, el primero se repite. Como los diagramas de flujo, permiten entender el orden de los sucesos.

Para crear el diagrama de un ciclo, escribe en un recuadro una descripción breve de cada suceso. Coloca uno en la parte superior de la hoja, al centro. Luego, sobre un círculo imaginario y en el sentido de las manecillas del reloj, escribe cada suceso en la secuencia correcta. Dibuja flechas que conecten cada suceso con el siguiente, de modo que se forme un círculo continuo.

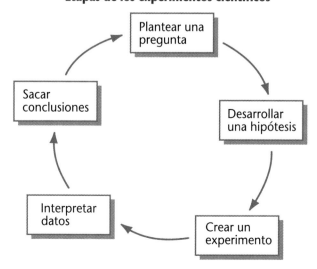

Etapas de los experimentos científicos

Crear tablas de datos y gráficas

¿Cómo se entiende el significado de los datos de los experimentos científicos? El primer paso es organizarlos para comprenderlos. Para ello, son útiles las tablas de datos y las gráficas.

Tablas de datos

Ya reuniste los materiales y preparaste el experimento. Pero antes de comenzar, necesitas planificar una forma de anotar lo que ocurre durante el experimento. En una tabla de datos puedes escribir tus observaciones y mediciones de manera ordenada.

Por ejemplo, digamos que un científico realizó un experimento para saber cuántas calorías queman sujetos de diversas masas corporales al realizar varias actividades. La tabla de datos muestra los resultados.

Observa en la tabla que la variable manipulada (la masa corporal) es el encabezado de una columna. La variable de respuesta (en el

CALORÍAS QUEMADAS EN 30 MINUTOS DE ACTIVIDAD			
Masa corporal	Experimento 1 Ciclismo	Experimento 2 Baloncesto	Experimento 3 Ver televisión
30 kg	60 calorías	120 calorías	21 calorías
40 kg	77 calorías	164 calorías	27 calorías
50 kg	95 calorías	206 calorías	33 calorías
60 kg	114 calorías	248 calorías	38 calorías

experimento 1, las calorías quemadas al andar en bicicleta) encabeza la siguiente columna. Las columnas siguientes se refieren a experimentos relacionados.

Gráficas de barras

Para comparar cuántas calorías se queman al realizar varias actividades, puedes trazar una gráfica de barras. Las gráficas de barras muestran los datos en varias categorías distintas. En este ejemplo, el ciclismo, el baloncesto y ver televisión son las tres categorías. Para trazar una gráfica de barras, sigue estos pasos.

1. En papel cuadriculado, dibuja un eje horizontal, o eje *x*, y uno vertical, o eje *y*.
2. En el eje horizontal, escribe los nombres de las categorías que vas a graficar. Escribe también un nombre para todo el eje.
3. En el eje vertical anota el nombre de la variable de respuesta. Señala las unidades de medida. Para crear una escala, marca el espacio equivalente a los números de los datos que reuniste.
4. Dibuja una barra por cada categoría, usando el eje vertical para determinar la altura apropiada. Por ejemplo, en el caso del ciclismo, dibuja la

Calorías quemadas por una persona de 30 kilos en diversas actividades

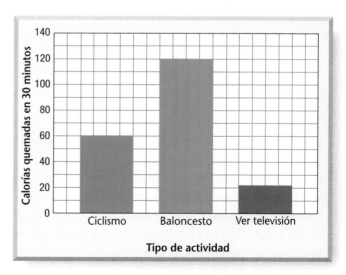

barra hasta la altura de la marca 60 en el eje vertical. Haz todas las barras del mismo ancho y deja espacios iguales entre ellas.
5. Agrega un título que describa la gráfica.

Gráficas de líneas

Puedes trazar una gráfica de líneas para saber si hay una relación entre la masa corporal y la cantidad de calorías quemadas al andar en bicicleta. En estas gráficas, los datos muestran los cambios de una variable (la de respuesta) como resultado de los cambios de otra (la manipulada). Conviene trazar una gráfica de líneas cuando la variable manipulada es *continua*, es decir, cuando hay otros puntos entre los que estás poniendo a prueba. En este ejemplo, la masa corporal es una variable continua porque hay otros pesos entre los 30 y los 40 kilos (por ejemplo, 31 kilos). El tiempo es otro ejemplo de variable continua.

Efecto de la masa corporal en las calorías quemadas al practicar el ciclismo

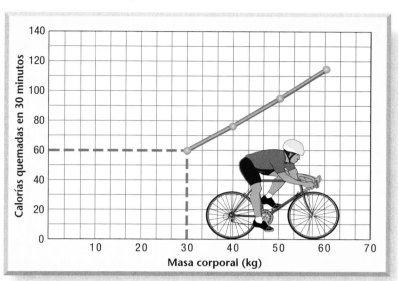

Las gráficas de líneas son herramientas poderosas, pues con ellas calculas las cifras de condiciones que no probaste en el experimento. Por ejemplo, con tu gráfica puedes estimar que una persona de 35 kilos quemaría 68 calorías al andar en bicicleta.

Para trazar una gráfica de líneas, sigue estos pasos.

1. En papel cuadriculado, dibuja un eje horizontal, o eje *x*, y uno vertical, o eje *y*.

2. En el eje horizontal, escribe el nombre de la variable manipulada. En el vertical, anota el nombre de la variable de respuesta y añade las unidades de medida.

3. Para crear una escala, marca el espacio equivalente a los números de los datos que reuniste.

4. Marca un punto por cada dato. En la gráfica de esta página, las líneas punteadas muestran cómo marcar el punto del primer dato (30 kilogramos y 60 calorías). En el eje horizontal, sobre la marca de los 30 kilos, proyecta una línea vertical imaginaria. Luego, dibuja una línea horizontal imaginaria que se proyecte del eje vertical en la marca de las 60 calorías. Pon el punto en el sitio donde se cruzan las dos líneas.

5. Conecta los puntos con una línea continua. (En algunos casos, tal vez sea mejor trazar una línea que muestre la tendencia general de los puntos graficados. En tales casos, algunos de los puntos caerán arriba o abajo de la línea.)

6. Escribe un título que identifique las variables o la relación de la gráfica.

Traza gráficas de líneas con los datos de la tabla de los experimentos 2 y 3.

ACTIVIDAD

Acabas de leer en el periódico que en la zona donde vives cayeron 4 centímetros lluvia en junio, 2.5 centímetros en julio y 1.5 centímetros en agosto. ¿Qué gráfica escogerías para mostrar estos datos? Traza tu gráfica en papel cuadriculado.

ACTIVIDAD

Gráficas circulares

Como las gráficas de barras, las gráficas circulares sirven para mostrar los datos en varias categorías separadas. Sin embargo, a diferencia de las gráficas de barras, sólo se trazan cuando tienes los datos de *todas* las categorías que comprende tu tema. Las gráficas circulares se llaman a veces gráficas de pastel, porque parecen un pastel cortado en rebanadas. El pastel representa todo el tema y las rebanadas son las categorías. El tamaño de cada rebanada indica qué porcentaje tiene cada categoría del total.

La tabla de datos que sigue muestra los resultados de una encuesta en la que se pidió a 24 adolescentes que declararan su deporte favorito. Con esos datos, se trazó la gráfica circular de la derecha.

Deportes que prefieren los adolescentes

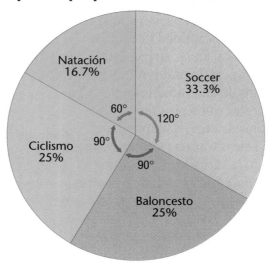

DEPORTES FAVORITOS	
Deporte	Número de estudiantes
Soccer	8
Baloncesto	6
Ciclismo	6
Natación	4

Para trazar una gráfica circular, sigue estos pasos.

1. Dibuja un círculo con un compás. Marca el centro con un punto. Luego, traza una línea del centro a la parte superior.
2. Para determinar el tamaño de cada "rebanada", establece una proporción en la que x sea igual al número de grados de la rebanada (NOTA: Los círculos tienen 360 grados). Por ejemplo, para calcular el número de grados de la rebanada del "soccer", plantea la relación siguiente:

$$\frac{\text{estudiantes que prefieren el soccer}}{\text{número total de estudiantes}} = \frac{x}{\text{número total de grados del círculo}}$$

$$\frac{8}{24} = \frac{x}{360}$$

Haz la multiplicación cruzada y resuelve x.

$$24x = 8 \times 360$$
$$x = 120$$

La rebanada de "soccer" tendrá 120 grados.

3. Mide con un transportador el ángulo de la primera rebanada. La línea de 0° es la que trazaste hasta la parte superior del círculo. Dibuja una línea que vaya del centro del círculo al extremo del ángulo que mediste.
4. Prosigue alrededor del círculo, midiendo cada rebanada con el transportador. Comienza en el borde de la rebanada anterior para que no se superpongan. Cuando termines, el círculo debe estar completo.
5. Determina el porcentaje del círculo que representa cada rebanada. Para ello, divide el número de grados de cada rebanada entre los grados del círculo (360) y multiplica por 100. En el caso de la rebanada del "soccer", calcula el porcentaje como sigue:

$$\frac{120}{360} \times 100\% = 33.3\%$$

6. Colorea cada rebanada. Escribe el nombre de la categoría y el porcentaje que representa.
7. Escribe el título de la gráfica circular.

> **ACTIVIDAD**
> En un salón de 28 estudiantes, 12 van a la escuela en autobús, 10 caminan y 6 van en bicicleta. Traza una gráfica circular para mostrar estos datos.

Seguridad en el laboratorio

Símbolos de seguridad

Estos símbolos te alertan de posibles daños en el laboratorio y te recuerdan que trabajes con cuidado.

Gafas de protección Usa siempre estas gafas para protegerte los ojos en cualquier actividad que requiera sustancias químicas, flamas o calor o bien la posibilidad de que se rompan cristales.

Delantal Ponte el delantal para proteger de daños tu piel y tu ropa.

Frágil Trabajas con materiales que se pueden romper, como recipientes de cristal, tubos de vidrio, termómetros o embudos. Maneja estos materiales con cuidado. No toques los vidrios rotos.

Guantes térmicos Ponte un guante de cocina o alguna otra protección para las manos cuando manipules materiales calientes. Las parrillas, el agua o los cristales calientes pueden causar quemaduras. No toques objetos calientes con las manos desnudas.

Caliente Toma los objetos de vidrio calientes con abrazaderas o tenazas. No toques objetos calientes con las manos desnudas.

Objeto filoso Las tijeras puntiagudas, los escalpelos, las navajas, las agujas, los alfileres y las tachuelas son filosos. Pueden cortar o pincharte la piel. Dirige siempre los bordes filosos lejos de ti y de los demás. Usa instrumentos afilados según las instrucciones.

Descarga eléctrica Evita la posibilidad de descargas eléctricas. Nunca uses equipo eléctrico cerca del agua ni cuando el equipo o tus manos estén húmedos. Verifica que los cables no estén enredados ni que puedan hacer que alguien tropiece. Desconecta el equipo cuando no esté en uso.

Corrosivo Trabajas con ácido u otra sustancia química corrosiva. No dejes que salpique en tu piel, ropa ni ojos. No inhales los vapores. Cuando termines la actividad, lávate las manos.

Veneno No permitas que ninguna sustancia química tenga contacto con la piel ni inhales los vapores. Cuando termines la actividad, lávate las manos.

Ten cuidado Cuando un experimento requiere actividad física, toma tus precauciones para que no te lastimes ni lesiones a los demás. Sigue las instrucciones del maestro. Avísale si hay alguna razón por la que no puedas participar en la actividad.

Precaución con los animales Trata con cuidado a los animales vivos para no hacerles daño ni que te lastimes. El trabajo con partes de animales o animales conservados también requiere cuidados. Cuando termines la actividad, lávate las manos.

Precaución con las plantas Maneja las plantas en el laboratorio o durante el trabajo de campo sólo como te lo indique el maestro. Avísale si eres alérgico a ciertas plantas que se van a usar en una actividad. No toques las plantas nocivas, como la hiedra, el roble o el zumaque venenosos ni las que tienen espinas. Cuando termines la actividad, lávate las manos.

Flamas Es posible que trabajes con flamas de mecheros, velas o cerillos. Anúdate por atrás el cabello y la ropa sueltos. Sigue las instrucciones de tu maestro sobre cómo encender y extinguir las flamas.

No flamas Es posible que haya materiales inflamables. Verifica que no haya flamas, chispas ni otras fuentes expuestas de calor.

Vapores Cuando haya vapores venenosos o desagradables, trabaja en una zona ventilada. No inhales los vapores directamente. Prueba los olores sólo cuando el maestro lo indique y efectúa un movimiento de empuje para dirigir el vapor hacia tu nariz.

Desechos Es preciso desechar en forma segura las sustancias químicas y los materiales de la actividad. Sigue las instrucciones de tu maestro.

Lavarse las manos Cuando termines la actividad, lávate muy bien las manos con jabón antibacteriano y agua caliente. Frota los dos lados de las manos y entre los dedos. Enjuaga por completo.

Normas generales de seguridad Es posible que veas este símbolo cuando ninguno de los anteriores aparece. En este caso, sigue las instrucciones concretas que te proporcionen. También puede ser que veas el símbolo cuando te pidan que establezcas tu propio procedimiento de laboratorio. Antes de proseguir, pide a tu maestro que apruebe tu plan.

Reglas de seguridad en ciencias

Para que estés preparado y trabajes con seguridad en el laboratorio, repasa las siguientes reglas de seguridad. Luego, vuélvelas a leer. Asegúrate de entenderlas y seguirlas todas. Pide a tu maestro que te explique las que no comprendas.

Normas de atuendo

1. Para evitar lesiones oculares, ponte las gafas de protección siempre que trabajes con sustancias químicas, mecheros, objetos de vidrio o cualquier cosa que pudiera entrar en los ojos. Si usas lentes de contacto, avísale a tu maestro o maestra.
2. Ponte un delantal o una bata cuando trabajes con sustancias corrosivas o que manchen.
3. Si tienes el cabello largo, anúdalo por atrás para alejarlo de sustancias químicas, flamas o equipo.
4. Quítate o anuda en la espalda cualquier prenda o adorno que cuelgue y que pueda entrar en contacto con sustancias químicas, flamas o equipo. Súbete o asegura las mangas largas.
5. Nunca lleves zapatos descubiertos ni sandalias.

Precauciones generales

6. Lee varias veces todas las instrucciones de los experimentos antes de comenzar la actividad. Sigue con cuidado todas las directrices escritas y orales. Si tienes dudas sobre alguna parte de un experimento, pide a tu maestro que te ayude.
7. Nunca realices actividades que no te hayan encargado o que no estén autorizadas por el maestro. Antes de "experimentar" por tu cuenta, pide permiso. Nunca manejes ningún equipo sin autorización explícita.
8. Nunca realices las actividades de laboratorio sin supervisión directa.
9. Nunca comas ni bebas en el laboratorio.
10. Conserva siempre limpias y ordenadas todas las áreas del laboratorio. Lleva al área de trabajo nada más que cuadernos, manuales o procedimientos escritos de laboratorio. Deja en la zona designada cualesquiera otros artículos, como bolsas y mochilas.
11. No juegues ni corretees.

Primeros auxilios

12. Informa siempre de todos los incidentes y lesiones a tu maestros no importa si son insignificantes. Notifica de inmediato sobre cualquier incendio.
13. Aprende qué debes hacer en caso de accidentes concretos, como que te salpique ácido en los ojos o la piel (enjuaga los ácidos con abundante agua).
14. Averigua la ubicación del botiquín de primeros auxilios, pero no lo utilices a menos que el maestro te lo ordene. En caso de una lesión, él deberá aplicar los primeros auxilios. También puede ser que te envíe por la enfermera de la escuela o a llamar a un médico.
15. Conoce la ubicación del equipo de emergencia, como el extintor y los artículos contra incendios y aprende a usarlos.
16. Conoce la ubicación del teléfono más cercano y a quién llamar en caso de emergencia.

Medidas de seguridad con fuego y fuentes de calor

17. Nunca uses ninguna fuente de calor, como velas, mecheros y parrillas, sin gafas de protección.
18. Nunca calientes nada a menos que te lo indiquen. Sustancias que frías son inofensivas, pueden volverse peligrosas calientes.
19. No acerques al fuego ningún material combustible. Nunca apliques una flama ni una chispa cerca de una sustancia química combustible.
20. Nunca pases las manos por las flamas.
21. Antes de usar los mecheros de laboratorio, verifica que conoces los procedimientos adecuados para encenderlos y graduarlos, según te enseñó tu maestro. Nunca los toques, pues pueden estar calientes, y nunca los descuides ni los dejes encendidos.
22. Las sustancias químicas pueden salpicar o salirse de tubos de ensayo calientes. Cuando calientes una sustancia en un tubo de ensayo, fíjate que la boca del tubo no apunte hacia alguien.
23. Nunca calientes líquidos en recipientes tapados. Los gases se expanden y pueden hacer estallar el recipiente.
24. Antes de tomar un recipiente que haya sido calentado, acércale la palma de la mano. Si sientes el calor en el dorso, el recipiente está demasiado caliente para asirlo. Usa un guante de cocina para levantarlo.

Uso seguro de sustancias químicas

25. Nunca mezcles sustancias químicas "por diversión". Puedes producir una mezcla peligrosa y quizás explosiva.

26. Nunca acerques la cara a un recipiente que contiene sustancias químicas. Nunca toques, pruebes ni aspires una sustancia a menos que lo indique el maestro. Muchas sustancias químicas son venenosas.

27. Emplea sólo las sustancias químicas que requiere la actividad. Lee y verifica dos veces las etiquetas de las botellas de suministro antes de vaciarlas. Toma sólo lo que necesites. Cuando no uses las sustancias, cierra los recipientes que las contienen.

28. Desecha las sustancias químicas según te instruya tu maestro. Para evitar contaminarlas, nunca las devuelvas a sus recipientes originales. Nunca te concretes a tirar por el fregadero o en la basura las sustancias químicas y de otra clase.

29. Presta atención especial cuando trabajes con ácidos y bases. Vierte las sustancias sobre el fregadero o un recipiente, nunca sobre tu superficie de trabajo.

30. Si las instrucciones son que huelas una sustancia, efectúa un movimiento giratorio con el recipiente para dirigir los vapores a tu nariz; no los inhales directamente.

31. Cuando mezcles un ácido con agua, vacía primero el agua al recipiente y luego agrega el ácido. Nunca pongas agua en un ácido.

32. Extrema los cuidados para no salpicar ningún material del laboratorio. Limpia inmediatamente todos los derrames y salpicaduras de sustancias químicas con mucha agua. Enjuaga de inmediato con agua todo ácido que caiga en tu piel o ropa y notifica enseguida a tu maestro de cualquier derrame de ácidos.

Uso seguro de objetos de vidrio

33. Nunca fuerces tubos ni termómetros de vidrio en topes de hule y tapones de corcho. Si lo requiere la actividad, pide a tu maestro que lo haga.

34. Si usas un mechero de laboratorio, coloca una malla de alambre para impedir que las flamas toquen los utensilios de vidrio. Nunca los calientes si el exterior no está completamente seco.

35. Recuerda que los utensilios de vidrio calientes parecen fríos. Nunca los tomes sin verificar primero si están calientes. Usa un guante de cocina. Repasa la regla 24.

36. Nunca uses objetos de vidrio rotos o astillados. Si algún utensilio de vidrio se rompe, díselo a tu maestra y deséchalo en el recipiente destinado a los vidrios rotos. Nunca tomes con las manos desnudas ningún vidrio roto.

37. Nunca comas ni bebas en un artículo de vidrio de laboratorio.

38. Limpia a fondo los objetos de vidrio antes de guardarlos.

Uso de instrumentos filosos

39. Maneja con mucho cuidado los escalpelos y demás instrumentos filosos. Nunca cortes el material hacia ti, sino en la dirección opuesta.

40. Si te cortas al trabajar en el laboratorio, avisa de inmediato a tu maestra o maestro.

Precauciones con animales y plantas

41. Nunca realices experimentos que causen dolor, incomodidad o daños a mamíferos, aves, reptiles, peces y anfibios. Esta regla se aplica tanto en la escuela como en casa.

42. Los animales se manipulan sólo si es absolutamente indispensable. Tu maestro te dará las instrucciones sobre cómo manejar las especies llevadas a la clase.

43. Si eres alérgico a ciertas plantas, mohos o animales, díselo a tu maestro antes de iniciar la actividad.

44. Durante el trabajo de campo, protégete con pantalones, mangas largas, calcetines y zapatos cerrados. Aprende a reconocer las plantas y los hongos venenosos de tu zona, así como las plantas con espinas, y no las toques.

45. Nunca comas parte alguna de plantas u hongos desconocidos.

46. Lávate bien las manos después de manipular animales o sus jaulas. Lávate también después de las actividades con partes de animales, plantas o tierra.

Reglas al terminar experimentos

47. Cuando termines un experimento, limpia tu área de trabajo y devuelve el equipo a su lugar.

48. Elimina materiales de desecho de acuerdo con las instrucciones de tu maestro.

49. Lávate las manos después de cualquier experimento.

50. Cuando no los uses, apaga siempre los quemadores y las parrillas. Desconecta las parrillas y los equipos eléctricos. Si usaste un mechero, ve que también esté cerrada la válvula de alimentación del gas.

Uso de la balanza de laboratorio

La balanza de laboratorio es un instrumento importante en las investigaciones científicas. Puedes utilizar una balanza para determinar las masas de los materiales que estudias o con los que experimentas en el laboratorio.

En el laboratorio se utilizan distintos tipos de balanzas. Uno es la balanza de tres astiles. La balanza que utilizas en tu clase de ciencias probablemente sea como la que se ilustra en este apéndice. Para hacer un uso apropiado de la balanza debes aprender el nombre, la ubicación y función de cada parte de la balanza que utilizas. ¿Qué tipo de balanza empleas en tu clase de ciencias?

La balanza de triple astil

La balanza de triple astil es aquella con un solo platillo con tres astiles calibrados en gramos. La parte posterior, o astil de 100 gramos, se divide en 10 unidades de 10 gramos cada una. La parte media, o astil de 500 gramos, se divide en cinco unidades de 100 gramos. La parte frontal, o astil de 10 gramos, se divide en diez unidades principales de 1 gramo cada una. Cada una de estas unidades se divide además en unidades de 0.1 gramos. ¿Cuál es la masa más grande que puedes medir con una balanza de triple astil?

El procedimiento siguiente puede aplicarse para encontrar la masa de un objeto con ayuda de una balanza de triple astil:

1. Coloca el objeto en el platillo.
2. Mueve los lectores de grado del astil medio por grado hasta que la aguja o fiel quede por debajo de cero. Mueve el lector hacia atrás un grado.
3. Mueve el lector de grado del astil posterior por grado hasta que la aguja o fiel vuelva a quedar por debajo de cero. Mueve el lector hacia atrás un grado.
4. Desliza lentamente el lector por el astil frontal hasta que la aguja se detenga en el punto cero.
5. La masa del objeto es igual a la suma de las lecturas de los tres astiles.

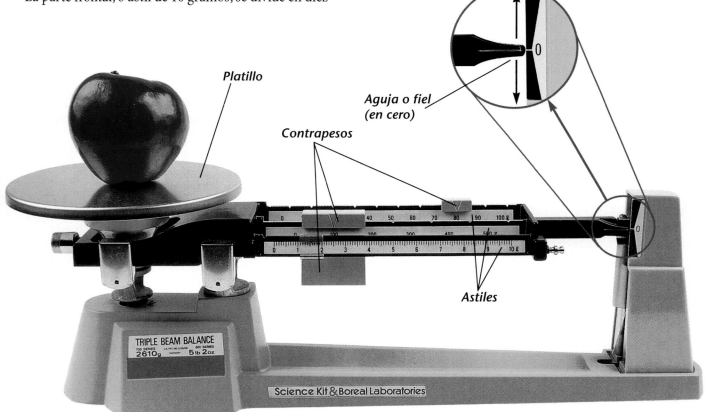

Balanza de triple astil

Lista de elementos químicos

Nombre	Símbolo	Número atómico	Masa atómica
Actinio	Ac	89	227.08
Aluminio	Al	13	26.982
Americio	Am	95	(243)
Antimonio	Sb	51	121.75
Argón	Ar	18	39.948
Arsénico	As	33	74.922
Astato	At	85	(210)
Azufre	S	16	32.066
Bario	Ba	56	137.327
Berilio	Be	4	9.012
Berkelio	Bk	97	(247)
Bismuto	Bi	83	208.980
Boro	B	5	10.811
Bromo	Br	35	79.904
Cadmio	Cd	48	112.411
Calcio	Ca	20	40.078
Californio	Cf	98	(251)
Carbono	C	6	12.011
Cerio	Ce	58	140.115
Cesio	Cs	55	132.905
Cinc	Zn	30	65.39
Circonio	Zr	40	91.224
Cloro	Cl	17	35.453
Cobalto	Co	27	58.933
Cobre	Cu	29	63.546
Criptón	Kr	36	83.80
Cromo	Cr	24	51.996
Curio	Cm	96	(247)
Disprosio	Dy	66	162.50
Dubnio	Db	105	(262)
Einsteinio	Es	99	(252)
Erbio	Er	68	167.26
Escandio	Sc	21	44.956
Estaño	Sn	50	118.710
Estroncio	Sr	38	87.62
Europio	Eu	63	151.965
Fermio	Fm	100	(257)
Flúor	F	9	18.998
Fósforo	P	15	30.974
Francio	Fr	87	(223)
Gadolinio	Gd	64	157.25
Galio	Ga	31	69.723
Germanio	Ge	32	72.61
Hafnio	Hf	72	178.49
Hassio	Hs	108	(265)
Helio	He	2	4.003
Hidrógeno	H	1	1.008
Hierro	Fe	26	55.847
Holmio	Ho	67	164.930
Indio	In	49	114.818
Iridio	Ir	77	192.22
Iterbio	Yb	70	173.04
Itrio	Y	39	88.906
Lantano	La	57	138.906
Laurencio	Lr	103	(260)
Litio	Li	3	6.941

Nombre	Símbolo	Número atómico	Masa atómica
Lutecio	Lu	71	174.967
Magnesio	Mg	12	24.305
Manganeso	Mn	25	54.938
Meitnerio	Mt	109	(266)
Mendelevio	Md	101	(258)
Mercurio	Hg	80	200.659
Molibdeno	Mo	42	95.94
Neodimio	Nd	60	144.2
Neón	Ne	10	20.180
Neptunio	Np	93	237.048
Nielsborio	Ns	107	(262)
Niobio	Nb	41	92.906
Níquel	Ni	28	58.69
Nitrógeno	N	7	14.007
Nobelio	No	102	(259)
Oro	Au	79	196.967
Osmio	Os	76	190.23
Oxígeno	O	8	15.999
Paladio	Pd	46	106.42
Plata	Ag	47	107.868
Platino	Pt	78	195.08
Plomo	Pb	82	207.2
Plutonio	Pu	94	(244)
Polonio	Po	84	(209)
Potasio	K	19	39.098
Praseodimio	Pr	59	140.908
Promecio	Pm	61	(145)
Protactinio	Pa	91	231.036
Radio	Ra	88	226.025
Radón	Rn	86	(222)
Renio	Re	75	186.207
Rodio	Rh	45	102.906
Rubidio	Rb	37	85.468
Rutenio	Ru	44	101.07
Rutherfordio	Rf	104	(261)
Samario	Sm	62	150.36
Seaborgio	Sg	106	(263)
Selenio	Se	34	78.96
Silicio	Si	14	28.086
Sodio	Na	11	22.990
Talio	Tl	81	204.383
Tántalo	Ta	73	108.948
Tecnecio	Tc	43	(98)
Telurio	Te	52	127.60
Terbio	Tb	65	158.925
Titanio	Ti	22	47.88
Torio	Th	90	232.038
Tulio	Tm	69	168.934
Tugsteno	W	74	183.85
Ununbium	Uub	112	(272)
Ununnilium	Uun	110	(269)
Unununium	Uun	111	(272)
Uranio	U	92	238.029
Vanadio	V	23	50.942
Xenón	Xe	54	131.29
Yodo	I	53	126.904

Los números entre paréntesis señalan la masa atómica de los isótopos más estables.

Tabla periódica de los elementos

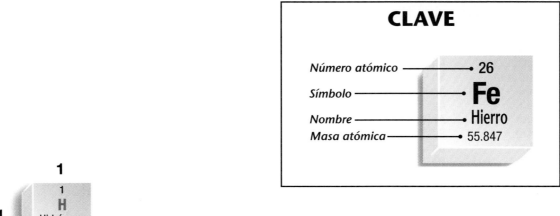

CLAVE

Número atómico —————— 26

Símbolo —————— **Fe**

Nombre —————— Hierro

Masa atómica —————— 55.847

	1								
		2							
	1 **H** Hidrógeno 1.008								
2	3 **Li** Litio 6.941	4 **Be** Berilio 9.012							
3	11 **Na** Sodio 22.990	12 **Mg** Magnesio 24.305	**3**	**4**	**5**	**6**	**7**	**8**	**9**
4	19 **K** Potasio 39.098	20 **Ca** Calcio 40.078	21 **Sc** Escandio 44.956	22 **Ti** Titanio 47.88	23 **V** Vanadio 50.942	24 **Cr** Cromo 51.996	25 **Mn** Manganeso 54.938	26 **Fe** Hierro 55.847	27 **Co** Cobalto 58.933
5	37 **Rb** Rubidio 85.468	38 **Sr** Estroncio 87.62	39 **Y** Itrio 88.906	40 **Zr** Circonio 91.224	41 **Nb** Niobio 92.906	42 **Mo** Molibdeno 95.94	43 **Tc** Tecnecio (98)	44 **Ru** Rutenio 101.07	45 **Rh** Rodio 102.906
6	55 **Cs** Cesio 132.905	56 **Ba** Bario 137.327	57 **La** Lantano 138.906	72 **Hf** Hafnio 178.49	73 **Ta** Tántalo 180.948	74 **W** Tugsteno 183.85	75 **Re** Renio 186.207	76 **Os** Osmio 190.23	77 **Ir** Iridio 192.22
7	87 **Fr** Francio (223)	88 **Ra** Radio 226.025	89 **Ac** Actinio 227.028	104 **Rf** Ruterfodio (261)	105 **Db** Dubnio (262)	106 **Sg** Seaborgio (263)	107 **Bh** Nielsborio (262)	108 **Hs** Hassio (265)	109 **Mt** Meitnerio (266)

Serie de lantánidos

58 **Ce** Cerio 140.115	59 **Pr** Praseodimio 140.908	60 **Nd** Neodimio 144.24	61 **Pm** Promecio (145)	62 **Sm** Samario 150.36
90 **Th** Torio 232.038	91 **Pa** Protactinio 231.036	92 **U** Uranio 238.029	93 **Np** Neptunio 237.048	94 **Pu** Plutonio (244)

Serie de actínidos

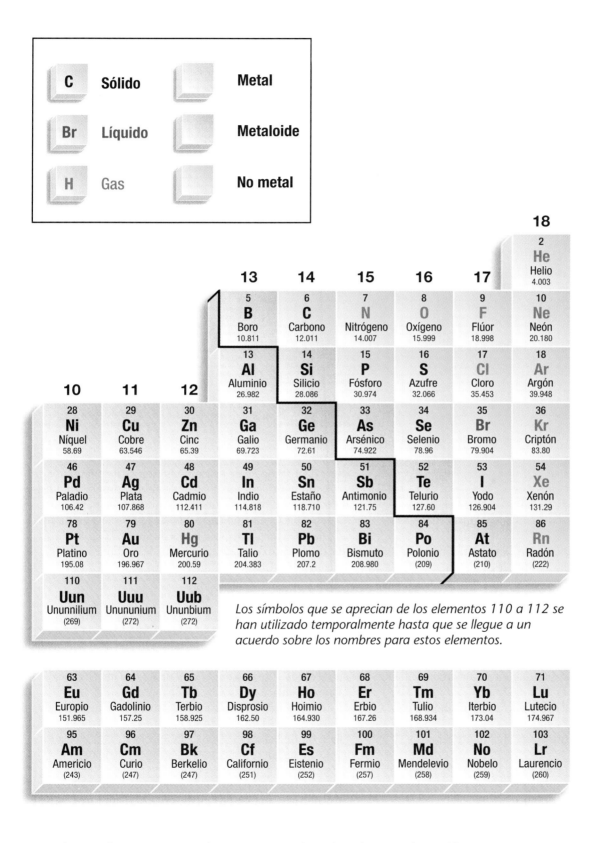

							18
							2 **He** Helio 4.003

C — Sólido

Br — Líquido

H — Gas

Metal

Metaloide

No metal

			13	**14**	**15**	**16**	**17**	
			5 **B** Boro 10.811	6 **C** Carbono 12.011	7 **N** Nitrógeno 14.007	8 **O** Oxígeno 15.999	9 **F** Flúor 18.998	10 **Ne** Neón 20.180
10	**11**	**12**	13 **Al** Aluminio 26.982	14 **Si** Silicio 28.086	15 **P** Fósforo 30.974	16 **S** Azufre 32.066	17 **Cl** Cloro 35.453	18 **Ar** Argón 39.948
28 **Ni** Níquel 58.69	29 **Cu** Cobre 63.546	30 **Zn** Cinc 65.39	31 **Ga** Galio 69.723	32 **Ge** Germanio 72.61	33 **As** Arsénico 74.922	34 **Se** Selenio 78.96	35 **Br** Bromo 79.904	36 **Kr** Criptón 83.80
46 **Pd** Paladio 106.42	47 **Ag** Plata 107.868	48 **Cd** Cadmio 112.411	49 **In** Indio 114.818	50 **Sn** Estaño 118.710	51 **Sb** Antimonio 121.75	52 **Te** Telurio 127.60	53 **I** Yodo 126.904	54 **Xe** Xenón 131.29
78 **Pt** Platino 195.08	79 **Au** Oro 196.967	80 **Hg** Mercurio 200.59	81 **Tl** Talio 204.383	82 **Pb** Plomo 207.2	83 **Bi** Bismuto 208.980	84 **Po** Polonio (209)	85 **At** Astato (210)	86 **Rn** Radón (222)
110 **Uun** Ununnilium (269)	111 **Uuu** Unununium (272)	112 **Uub** Ununbium (272)						

Los símbolos que se aprecian de los elementos 110 a 112 se han utilizado temporalmente hasta que se llegue a un acuerdo sobre los nombres para estos elementos.

63 **Eu** Europio 151.965	64 **Gd** Gadolinio 157.25	65 **Tb** Terbio 158.925	66 **Dy** Disprosio 162.50	67 **Ho** Hoimio 164.930	68 **Er** Erbio 167.26	69 **Tm** Tulio 168.934	70 **Yb** Iterbio 173.04	71 **Lu** Lutecio 174.967
95 **Am** Americio (243)	96 **Cm** Curio (247)	97 **Bk** Berkelio (247)	98 **Cf** Californio (251)	99 **Es** Eistenio (252)	100 **Fm** Fermio (257)	101 **Md** Mendelevio (258)	102 **No** Nobelo (259)	103 **Lr** Laurencio (260)

Los números de masa entre paréntesis corresponden a los isótopos más estables o comunes.

Glosario

A

ácido graso Compuesto orgánico que es monómero de una grasa o de un aceite. (p. 130)

ácido nucleico Compuesto orgánico muy grande formado por carbono, oxígeno, hidrógeno, nitrógeno y fósforo; por ejemplo, el ADN y el ARN. (p. 132)

ácido orgánico Carbohidrato que contiene uno o más radicales –COOH. (p. 123)

actínido Elemento en el segundo grupo de los elementos pertenecientes a las tierras raras, en la tabla periódica de los elementos. (p. 92)

actividad química Propiedad característica de una sustancia que indica su capacidad para sufrir un cambio químico específico. (p. 17)

ADN Ácido desoxirribonucleico. (p. 132)

alcohol Hidrocarburo de sustitución que contiene uno o más grupos hidroxilos. (p. 122)

aleación Mezcla de dos o más metales. (p. 89)

almidón Carbohidrato complejo donde las plantas almacenan energía. (p. 128)

aminoácido Uno de los veinte compuestos orgánicos que son monómeros de proteínas. (p. 129)

ARN Ácido ribonucleico. (p. 132)

átomo La partícula más pequeña de un elemento. (p. 30)

C

cambio físico Cambio en una sustancia que no altera su identidad; por ejemplo un cambio de estado. (p. 17)

cambio químico Aquel en que una o más sustancias se separan para formar otras nuevas. (p. 17)

carbohidrato Compuesto orgánico rico en energía, formado por los elementos carbono, hidrógeno y oxígeno. (p. 126)

carbohidrato complejo Cadena larga, o polímero, formado de carbohidratos simples. (p. 127)

celulosa Carbohidrato complejo que forma los tejidos de las plantas. (p. 128)

colesterol Lípido ceroso que se encuentra en todas las células animales. (p. 130)

compuesto Sustancia formada por dos o más elementos químicamente combinados. (p. 21)

compuestos orgánicos Los que, en su mayoría, contienen carbono. (p. 117)

condensación Cambio del estado gaseoso a líquido. (p. 66)

conductor Metal que transmite fácilmente calor o electricidad. (p. 88)

congelación Paso del estado líquido al sólido. (p. 64)

corrosión Desgaste gradual de un elemento metálico debido a una reacción química. (p. 88)

D

definición operativa Enunciado que describe cómo va a ser medida una variable en particular o cómo debe definirse un término. (p. 153)

densidad Medida de la cantidad de masa que una sustancia contiene en un volumen determinado. (p. 26)

diamante Forma del elemento carbono; es el mineral cristalino más duro de la Tierra. (p. 114)

digestión Proceso de descomposición de los polímeros en monómeros, por medio de un cambio químico. (p. 126)

directamente proporcional Término usado para describir la relación entre dos variables, cuya gráfica es una línea recta que pasa por el punto (0,0). (p. 58)

dúctil Se dice del material que puede estirarse hasta convertirlo en un alambre largo. (p. 87)

E

ebullición Proceso que ocurre cuando la evaporación tiene lugar tanto al interior de un líquido como en la superficie de éste. (p. 65)

electrodo Cinta metálica usada para la electrólisis. (p. 36)

electrólisis Proceso por el cual una corriente eléctrica rompe enlaces químicos. (p. 36)

electrón Partícula con carga negativa que se mueve alrededor del núcleo atómico. (p. 79)

electrón de valencia Uno de los electrones más alejados del núcleo del átomo; esos electrones participan en reacciones químicas. (p. 85)

elemento Sustancia que no puede descomponerse en otras más simples por medios físicos o químicos. (p. 19)

energía química Forma de energía que proviene de los enlaces químicos. (p. 63)

energía térmica Energía total que proviene del movimiento o vibración de las partículas de una sustancia. (p. 63)

enlace químico Fuerza que une a dos átomos. (p. 32)

éster Compuesto orgánico formado por la combinación química de un alcohol y un ácido orgánico. (p. 123)

evaporación Proceso que se da cuando la vaporización tiene lugar sólo en la superficie de un líquido. (p. 65)

experimento controlado El que mantiene constante todos los factores, salvo uno. (p. 153)

familia Conjunto de elementos en la misma columna, también llamada grupo, de la tabla periódica. (p. 82)

familia de los halógenos Elementos del Grupo 17 en la tabla periódica. (p. 100)

fluido Cualquier sustancia que puede fluir. (p. 47)

fórmula desarrollada plana Descripción de una molécula que muestra el tipo, número y organización de los átomos. (p. 120)

fórmula molecular Combinación de símbolos químicos que representa los elementos en cada molécula de un compuesto. (p. 119)

fulereno Variedad del carbono en la cual los átomos se ordenan según un patrón repetitivo semejante a la superficie de un balón de sóccer. (p. 115)

fusión Cambio del estado sólido al líquido. (p. 64)

fusión nuclear Proceso en el cual varios núcleos de átomos se combinan para formar un núcleo más grande, produciendo elementos más pesados. (p. 105)

gas Materia en un estado en que carece de forma y volumen definidos. (p. 47)

gas noble Elemento en el Grupo 17 de la tabla periódica. (p. 100)

glucosa Azúcar en el cuerpo humano; es monómero de muchos carbohidratos complejos. (p. 127)

gráfica Diagrama que muestra cómo se relacionan dos variables. (p. 56)

grafito Variedad de carbono en la cual los átomos de carbono se disponen en capas planas. (p. 114)

grupo Conjunto de elementos en la misma columna de la tabla periódica, también llamado familia. (p. 82)

grupo carboxilo Grupo —COOH que se encuentra en los ácidos orgánicos. (p. 123)

grupo hidroxilo Radical —OH que se encuentra en los alcoholes. (p. 122)

hidrocarburo Compuesto orgánico que contiene sólo carbono e hidrógeno. (p. 118)

hidrocarburo de sustitución Hidrocarburo en el cual uno o más átomos de hidrógeno han sido reemplazados por átomos de otros elementos. (p. 122)

hidrocarburo no saturado Hidrocarburo en el que uno o más de los enlaces entre los átomos de carbono es doble o triple. (p. 121)

hidrocarburo saturado Hidrocarburo en el cual todos los enlaces entre los átomos de carbono son simples. (p. 121)

hipótesis Predicción acerca del resultado de un experimento. (p. 152)

isómero Cada uno de los compuestos que tienen la misma fórmula molecular pero diferente estructura. (p. 120)

lantánido Elemento situado en la primera hilera en la tabla periódica de las tierras raras. (p. 92)

ley de Boyle Relación entre la presión y el volumen de un gas; cuando el volumen aumenta, la presión disminuye. (p. 52)

ley de Charles Relación entre la temperatura y el volumen de un gas; si la temperatura aumenta, el volumen crece. (p. 54)

ley de la conservación de la energía Principio de que la cantidad total de energía permanece igual durante los cambios físico y químico. (p. 63)

lípido Polímero rico en energía formado por carbono, oxígeno e hidrógeno; grasas, aceites, ceras y colesterol son lípidos. (p. 130)

líquido Estado de la materia que no tiene forma definida, pero sí un volumen definido. (p. 46)

magnético Característica de aquellos metales que son atraídos por los imanes y también pueden imantarse. (p. 88)

maleable Término usado para describir el material que puede ser moldeado en distintas formas. (p. 87)

masa Medida de la cantidad de materia que hay en un objeto. (p. 23)

masa atómica Masa promedio del átomo de un elemento. (p. 77)

mena Roca que contiene un metal u otro elemento con utilidad económica. (p. 35)

metal alcalino Elemento en el Grupo 1 de la tabla periódica. (p. 89)

metal alcalinotérreo Elemento en el Grupo 2 de la tabla periódica. (p. 90)

metal de transición Elemento en los grupos del 3 al 12 de la tabla periódica. (p. 90)

metaloide Elemento que tiene algunas de las características de los metales y algunas de los no metales. (p. 101)

mezcla Dos o más sustancias puestas juntas pero sin combinarse químicamente. (p. 18)

mineral Elemento simple inorgánico necesario para el cuerpo humano. (p. 133)

molécula Combinación de dos o más átomos. (p. 32)

molécula diatómica Molécula compuesta de dos átomos del mismo elemento. (p. 97)

monómero Molécula que forma cada una de las unidades en una cadena de polímeros. (p. 124)

neutrón Pequeña partícula sin carga eléctrica en el núcleo de un átomo. (p. 79)

no metal Elemento que carece de la mayoría de las propiedades de los metales. (p. 96)

núcleo Parte central del átomo la cual contiene protones y usualmente neutrones. (p. 79)

nucleótido Compuesto orgánico que es uno de los monómeros de los ácidos nucleicos. (p. 132)

número atómico Cantidad de protones en el núcleo de un átomo. (p. 79)

nutrimento Sustancia que proporciona energía o materias primas para que el cuerpo crezca, repare las partes desgastadas y funcione adecuadamente. (p. 126)

periodo Hilera o línea horizontal de elementos en la tabla periódica. (p. 83)

peso Medida de la fuerza de gravedad ejercida sobre un objeto. (p. 23)

plasma Estado de la materia donde los átomos son desprovistos de sus electrones y los núcleos sumamente compactados. (p. 104)

polímeros Molécula grande en forma de cadena en la que muchas moléculas más pequeñas quedan enlazadas. (p. 124)

presión Es igual a la fuerza ejercida sobre una superficie dividida entre el área de esa superficie. (p. 51)

propiedad característica Cualidad de una sustancia que nunca cambia y puede ser usada para identificar a ésta. (p. 15)

proteína Compuesto orgánico que es un polímero de aminoácidos. (p. 129)

protón Partícula pequeña con carga positiva en el núcleo de un átomo. (p. 79)

punto de ebullición Temperatura a la cual una sustancia pasa del estado líquido al gaseoso. (p. 16)

punto de fusión Temperatura a la cual una sustancia cambia de sólida a líquida. (p. 16)

reacción química Proceso en el cual las sustancias sufren cambios químicos formando nuevas sustancias con propiedades diferentes. (p. 68)

reactividad Facilidad y rapidez con que un elemento o compuesto se combina con otros elementos y compuestos. (p. 88)

semiconductor Elemento que puede conducir electricidad en ciertas condiciones. (p. 101)

símbolo químico Representación de un elemento por medio de una o dos letras. (p. 82)

sintético Material que no se forma naturalmente sino que es manufacturado. (p. 124)

Sistema Internacional de Unidades (SI) Sistema de unidades que usan los científicos para medir las propiedades de la materia. (p. 23)

sólido Estado de la materia que tiene volumen y forma definidos. (p. 45)

sólido amorfo Sólido formado por partículas que no están ordenadas según un patrón regular. (p. 46)

sólido cristalino Sustancia hecha de cristales cuyas partículas están ordenadas según un patrón regular y repetido. (p. 46)

solución Mezcla perfectamente homogénea. (p. 18)

subíndice En una fórmula, número escrito más abajo y más pequeño que el símbolo para indicar la cantidad de átomos en una molécula. (p. 119)

sublimación Cambio del estado sólido directamente al gaseoso, sin pasar por el estado líquido. (p. 66)

supernova Explosión de una estrella masiva. (p. 106)

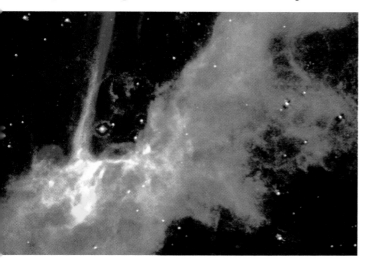

sustancia pura Sustancia hecha de un sólo tipo de materia y que tiene propiedades definidas. (p. 19)

tabla periódica Cuadro que muestra a los elementos organizados según los patrones de sus propiedades. (p. 78)

temperatura Medida del promedio de energía de las partículas de una sustancia. (p. 50)

unidad de masa atómica (uma) Unidad para medir la masa de las partículas en átomos; el protón y el neutrón tienen masa de 1 uma. (p. 79)

vaporización Cambio del estado líquido al gaseoso. (p. 65)

variable Cualquier factor que pueda cambiarse en un experimento. (p. 153)

variable de respuesta Factor que cambia como resultado de la variable manipulada. (p. 153)

variable manipulada Factor que el científico cambia durante un experimento. (p. 153)

varían inversamente Término usado para describir la relación entre dos variables cuya gráfica forma una curva que se inclina hacia abajo. (p. 59)

viscosidad Resistencia de un líquido a fluir. (p. 47)

vitamina Compuesto orgánico que sirve como molécula auxiliar en una variedad de reacciones químicas del cuerpo humano. (p. 133)

volumen Cantidad de espacio que ocupa la materia. (p. 23)

Reconocimientos

Ilustración

Annie Bissett: 140, 141, 144, 145
Peter Brooks: 28, 36, 60, 70, 94, 102, 116, 134
Annette Cable: 10tl, 11tr
Andrea Golden: 10–11tm
Martucci Design: 57b, 58t, 59, 113tr, 158, 159, 160,
Matt Mayerchak: 40, 108, 138, 156, 157,
Morgan Cain & Associates: 23, 32, 37, 45, 46, 48, 51, 52, 53, 54, 57t, 58b, 65, 79, 80–81, 82, 83, 86, 90, 91, 92, 97, 98 99, 100, 101, 105, 106, 113tl, 113m, 113br, 114, 115, 131, 150, 151, 166–167
Ortelius Design Inc.: 24–25
J/B Woolsey Associates: 154

Fotografía

Investigación fotográfica by Sue McDermott
Imagen de portada G. Tomich/Photo Researchers

Naturaleza de las ciencias
Página 8t, Holt Studios International/Photo Researchers; **8b,** Andy Goodwin/Discover Magazine; **9t,** Courtesy of Rathin Datta; **9b,** Martin Bond/SDL/Photo Researchers; **10,** Paul Conklin/PhotoEdit.

Capítulo 1
Páginas 12–13, Cameron Davidson/TSI; **14,** Russ Lappa; **15,** Tim Hauf/Visuals Unlimited; **16,** Jim Corwin/TSI; **17,** John M. Roberts/The Stock Market; **17 inset,** E.R. Degginger/Animals Animals/Earth Scenes; **18,** Richard Haynes; **19l,** Mark E. Gibson/Visuals Unlimited; **19r,** Ron Testa/The Field Museum, Chicago, IL; **20t,** David D. Keaton/The Stock Market; **20ml,** Michael Fogden/DRK Photo; **20mr,** Glenn M. Oliver/Visuals Unlimited; **20bl,** Richard Megna/Fundamental Photographs; **20bml,** Charles Gupton/TSI; **20bmr,** Goivaux Communication/Phototake; **20br,** Ken Lucas/Visuals Unlimited; **21,** Lawrence Migdale/TSI; **22t,** Richard Haynes; **22b,** Mark Thayer; **23l,** Russ Lappa; **23r,** Richard Haynes; **24t, 25t,** Corbis-Bettmann; **25b,** The Granger Collection, NY; **26,** Pal Hermansen/TSI; **29 both,** 1998, The Art Institute of Chicago; **30t,** Rich Treptow/Visuals Unlimited; **30b,** The Granger Collection, NY; **31,** Chuck Feil/Uniphoto; **32,** Professor K. Seddon, Queen's University Belfast/Science Photo Library/Photo Researchers; **33,** SCI-VU-IBMRL/Visuals Unlimited; **34t,** Russ Lappa; **34b,** Corbis-Bettmann; **35t,** Helga Lade/Peter Arnold; **35bl,** E.R. Degginger/Animals Animals/Earth Scenes; **35br,** Charles D. Winters/Photo Researchers; **36,** Aron Haupt/David R. Frazier Photo Library; **38,** Heine Schneebeli/Science Photo Library/Photo Researchers; **39l,** Corbis-Bettmann; **39r,** Helga Lade/Peter Arnold.

Capítulo 2
Páginas 42–43, Milton Rand/Tom Stack & Associates; **44t,** Richard Haynes; **44b,** Shambroom/Photo Researchers; **45,** Darryl Torckler/TSI; **46t,** Superstock; **46b,** Russ Lappa; **47,** Tsutomu Nakayama/Uniphoto; **48,** Tomas Muscionoco/The Stock Market; **49,** A. Ramey/Stock Boston; **50,** John D. Cunningham/Visuals Unlimited; **51, 52,** Richard Haynes; **53,** Ken Ross/FPG International; **55l,** Michelle Bridwell/PhotoEdit; **55r,** Rudi Von Briel/PhotoEdit; **60,** Russ Lappa; **61,** Richard Haynes; **62 both,** Russ Lappa; **63l,** Doug Martin/Photo Researchers; **63r,** Tony Freeman/PhotoEdit; **64,** Granger Collection, NY; **65t,** Larry Lefter/Grant Heilman Photography; **65b,** Martin Dohrn/Science Photo Library/Photo Researchers; **66t,** Richard Haynes; **66b,** Charles D. Winters/Photo Researchers; **68l,** Steve Taylor/TSI; **68r,** Dollarhide/Monkmeyer; **69,** David Young Wolff/TSI; **70,** Russ Lappa; **71,** Darryl Torckler/TSI.

Capítulo 3
Páginas 74–75, Roy King/Superstock; **76 both,** Russ Lappa; **77t,** Jo Prater/Visuals Unlimited; **77 inset,** Peter L. Chapman/Stock Boston; **77b,** Russ Lappa; **78 both,** The Granger Collection, NY; **83,** Russ Lappa; **84t,** The Granger Collection, NY; **84b,** Cecile Brunswick/Peter Arnold; **85t,** Alexander Tsiaras/Stock Boston; **85b,** AIP Emilio Segre Visual Archives; **87,** Nubar Alexanian/Stock Boston; **88tl,** Russ Lappa; **88tr,** Stephen Frisch/Stock Boston; **88m,** Russ Lappa; **88b,** Charles D. Winters/Photo Researchers; **89,** Jeremy Scott/International Stock; **90l,** Claire Paxton & Jacqui Farrow/Science Photo Library/ Photo Researchers; **90r,** David Noton/International Stock; **91,** Russ Lappa; **92,** Steve Wanke/Uniphoto; **93,** Bob Daemmrich/Stock Boston; **94,** Russ Lappa; **95 both,** Richard Haynes; **96,** Tom Brakefield/The Stock Market; **97,** Lawrence Migdale/Science Source/Photo Researchers; **98l,** Charles D. Winters/Photo Researchers; **98r,** Mark Gibson/Visuals Unlimited; **99,** Novovitch/Liaison International; **100t,** Michael Dalton/Fundamental Photographs; **100b,** Stephen Frisch/Stock Boston; **101,** Roger Du Buisson/The Stock Market; **103,** Francois Gohier/Photo Researchers; **104,** David Nunuk/Science Photo Library/Photo Researchers; **105,** NASA; **106,** Space Telescope Science Institute; **107,** Novovitch/Liaison International.

Capítulo 4
Páginas 110–111, James Schnepf/Liaison International; **112,** Vision Agenzia Fotografica/Photo Researchers, Inc.; **114t,** Martin Rogers/TSI; **114b,** Russ Lappa; **115t,** Richard Pasley/Stock Boston; **115b, 116,** Russ Lappa; **117t,** Richard Haynes; **117b,** Bob Daemmrich/Stock Boston; **118l,** Frank Oberle/TSI; **118m,** William Taufic/The Stock Market; **118r,** Jeffery Mark Dunn/The Stock Market; **119,** Matthew Naythons/The Stock Market; **120,** David J. Sams/Stock Boston; **121l,** Russ Lappa; **121r,** Novosti/Photo Researchers; **122,** John Edwards/TSI; **123t,** R.J. Erwin/Photo Researchers; **123b, 124l,** Russ Lappa; **124r,** Daniel McDonald/Stock Boston; **125t,** Russ Lappa; **125b,** Kenneth Chen/Envision; **126,** Tony Freeman/PhotoEdit; **127, 128 both, 129, 130tl,tr,** Russ Lappa; **130b,** Cabisco/Visuals Unlimited; **132l,** Joe McDonald/Visuals Unlimited; **132r,** David Parker/Science Photo Library/Photo Researchers; **133, 134,** Russ Lappa; **135,** Richard Haynes; **136,** Mike Mazzaschi/Stock Boston; **137t,** Richard Pasley/Stock Boston; **137r,** David Parker/Science Photo Library/Photo Researchers.

Exploración interdisciplinaria
Página 144t, Peter Johansky/Envision; **144b,** Lawrence Migdale/TSI; **145t,** Russ Lappa; **145m,** Bill Aron/TSI; **145b,** Steven Needham/Envision; **146t,** Tony Freeman/Photo Edit; **146–147,** Paul Chesley/TSI; **147t,** Russ Lappa.

Manual de destrezas
Página 148, Mike Moreland/Photo Network; **149t,** Foodpix; **149m,** Richard Haynes; **149b,** Russ Lappa; **152,** Richard Haynes; **154,** Ron Kimball; **155,** Renee Lynn/Photo Researchers.

Versión en español

Editorial Compuvisión México